同一労働同一賃金 速報ガイド

株式会社プライムコンサルタント
代表
菊谷 寛之

特定社会保険労務士
津留 慶幸

労働調査会

はじめに

　本書は、これから同一労働同一賃金への取組みを考えようとされている方々へのコンパクトな入門書です。

　「同一労働同一賃金」とは、同じ仕事・同じ働きには同じ賃金を支払い、仕事や働きが違っていれば賃金に差があってよいという、仕事基準の賃金の決め方を言います。産業別労働協約で賃金が決まるヨーロッパや、流動的な労働市場が発達しているイギリス、アメリカなどではごく当たり前に普及している考え方です。

　しかし、日本ではこの考え方はほとんど普及していません。というのも、日本では企業ごとに賃金が決まるだけでなく、正社員は年功や能力を基準に昇給させる一方で、パート社員や有期契約社員、派遣社員などの非正規社員は賃金を低く抑える会社が大多数だからです。

　低賃金の非正規社員はいまや全労働者の約4割に達し、総所得の低下が消費の低迷、そして低成長を招くデフレスパイラルの原因となっています。また、社会的な格差の拡大、未婚率の上昇による少子化の加速、地域の疲弊など、様々な悪影響が無視できなくなりました。

　このような悪循環を何とかして食い止めようと、政府は2016年に「ニッポン一億総活躍プラン」を提唱し、その一環として「働き方改革」が打ち出されました。

　2016年12月に発表された「同一労働同一賃金ガイドライン案」の法制化の動きは、同一企業における正社員と非正規社員の間の不合理な待遇差の解消を目指すもので、日本の雇用・労働・賃金のあり方に歴史的な転換を迫るインパクトがあります。

　本書は3部構成となっています。第1章では同一労働同一賃金の背景と課題を整理し、同一労働同一賃金が法制化されると、企業はどんな影響を受け、どのような課題に直面するのかを端的に説明しました。

　第2章では、ガイドライン案の内容に沿って、基本給、賞与、手当そ

れぞれについて、どのような点に留意すべきかをわかりやすく解説しています。

　第3章では、ガイドライン案の趣旨を受け止め、正社員と非正規社員の不合理な待遇差を解消し、待遇の違いを合理的に説明できるシンプルな賃金・評価制度の具体的な設計方法をご紹介しました。

　本書では、正社員、パート社員、有期契約社員、高齢者継続雇用などの多様な雇用形態を統一的にカバーする役割等級の人事制度を推奨しています。次に、ガイドライン案が取り上げている職務の成果・能力・経験という要素に基づいて、雇用形態の違いにかかわりなく、基本給の金額や昇給が客観的に説明できる「ランク型賃金表®」の仕組みを、サンプルを用いて具体的に解説しています。

　さらに、多様な働き方に伴う「人材活用の仕組み」の違いを賃金水準に反映させるバランスのとれた支給方法や、パート社員の仕事を洗い出し、各人の意欲・能力や成果を評価する具体的な方法についても、事例を使って解説しました。

　本書が、雇用形態や働き方の違いを乗り越えて、多様な人材が活躍し、力強く業績を伸ばしていけるような、オープンな組織運営そして人事管理を目指される会社の皆さんのヒントになれば幸いです。

　本書は、ガイドライン案が発表された後の2017年2月と、同年5月に当社が開催した同一労働同一賃金対応策セミナーの内容と資料を元に、2名が新たに共同執筆したものです。

　本書の企画・編集にご尽力いただいた労働調査会の森敦史氏には、厚く御礼申し上げます。

2017年9月

株式会社プライムコンサルタント　代表　菊谷寛之

コンサルタント・特定社会保険労務士　津留慶幸

はじめに

第1章 「同一労働同一賃金」問題の背景と課題 ……………… 7
1．日本の賃金体系と同一労働同一賃金…………………………… 8
2．「同一労働同一賃金」議論の背景 ………………………………12
3．日本の賃金決定と欧米の賃金決定………………………………18
4．現行法における「均等待遇」と「均衡待遇」…………………23
5．ポイント解説　同一労働同一賃金に関する裁判例の紹介……28

第2章　いよいよ実務的な検討段階に入る同一労働同一賃金と
その課題……………………………………………………… 33
1．ガイドライン案の背景・目的・趣旨………………………………34
　(1)「同一労働同一賃金ガイドライン案」発表について……………34
　(2)ガイドライン案のポイント………………………………………38

2．同一労働同一賃金に向けての課題…………………………………42
　(1)求められる賃金制度と雇用のあり方………………………………42

3．同一労働同一賃金ガイドライン案の解説…………………………48
　(1)同一労働同一賃金における基本給の決定………………………48
　(2)基本給を職業経験・能力に応じて支給する場合　…………48

(3)基本給を業績・成果に応じて支給する場合……………………… 57
(4)基本給を勤続年数に応じて支給する場合……………………… 61
(5)勤続による職業能力向上に応じて行う昇給……………………… 64
(6)賞与を会社の業績等への貢献に応じて支給する場合…………… 66
(7)役職の内容・責任の程度に対して支給する役職手当…………… 71
(8)再雇用など定年後の継続雇用者の均衡処遇の考え方…………… 74
(9)その他の手当、福利厚生………………………………………… 77

第3章　正社員と非正規社員のバランスを説明できる賃金・評価制度の設計……………………………………… 79

1．ガイドライン案等から見えるこれからの賃金・評価制度……………80

2．均等・均衡待遇と人事制度の検討手順……………………………83

3．社員を区分する3通りの方法………………………………………86

4．職務給と職能給の長所を生かす役割基準人事制度の時代……………89

5．役割責任を軸とした人事制度………………………………………94

参考資料　同一労働同一賃金ガイドライン案……………… 119

第1章

「同一労働同一賃金」問題の背景と課題

第1章 「同一労働同一賃金」問題の背景と課題

1．日本の賃金体系と同一労働同一賃金

　「同一労働同一賃金」――この問題は、人事にとどまらず経営そのもの、さらには日本経済にも大きな影響を与えるとても大きなテーマです。

　同一労働同一賃金を実現するということは、別の言い方をすれば、これまでの年功賃金や職能給といった「ヒト基準の賃金」を見直して、「仕事基準の賃金」をいかに実現していくかということです。もっと専門的な用語で言えば、「職務給」という欧米型の賃金の仕組みをどのように日本の実情に合った形で応用し、実現していくかということが課題となります。

　では、その同一労働同一賃金というテーマがなぜ日本で議論されるようになったのか、その背景から説明します。

　日本の賃金体系の特徴は、周知のとおり年功序列的に上昇していく傾向が強いことが挙げられます。そのため、多くの日本企業は同一労働同一賃金とは程遠い賃金の決め方をしています。同じ仕事をしているのに年上の社員の方の給料が高かったり、若いというだけで賃金が低く抑えられていたり、また、仕事や会社への貢献度は違っていても同じ世代の賃金水準は同程度だったりということはよくみられます。

　このように、日本の賃金体系は、同一労働同一賃金とかなり距離がありますが、これをいかに欧米型の「職務給」的なものに近づけていくかということが、大きなテーマとして企業に突きつけられています。

● 日本における職務給導入の歴史

　振り返ってみると、日本の賃金制度の歴史の中で、職務給がテーマになったことは、今回を含めて4回あります。

　1回目は、GHQ（連合国軍総司令部）が戦後、日本を占領統治下に置いて、日本の産業の近代化を進めたときにさかのぼります。GHQは、日本の賃金の決め方は非常に「ダーティ」であると表現しました。ダーティというのは、仕事に準拠していない、不合理なものであるという意味です。GHQ当局は、これを何とか合理的なものにしなくてはならないという使命感もあったのでしょう。当時の労働省に指示を出したり、財界人を集めてセミナーを開いたりして、「職務給というのはこういうものなのだ」、「こういうふうに実現しなさい」ということを盛んに指導しました。

　当時、人事院に弥富賢之（やとみけんし）さんという方がおられました。弥富氏は公務員の給与体系に何とか職務給を実現しなくてはならないという使命感から、職務給の仕組みを勉強し、公務員の職務分析を行い、職務給の仕組みの企画立案をされていました。この弥富氏は後に賃金管理研究所を創設され、筆者もそこで直接の薫陶を受けました。

　日本の公務員の給与体系は、昔の「一般職の職員の給与に関する法律」（給与法）を読むとわかりますが、もともと同一の雇用条件で同一の職級に属する職位または職について、同一の幅の俸給を支給するという「職階制」に基づくとされていました（公務員の職階制は能力等級制の導入によって2009（平成21）年4月1日に廃止されました）。つまり公務員の賃金は職務給的な考え方で決めるということが明記されていたのです。

　しかし実際には、職階制は一度も導入されることなく、職務給も根づかず、その実態は年功賃金の俸給表に変質してしまいました。

こうして1回目の職務給導入の取組みは頓挫したのです。それほど日本の年功賃金の慣習は非常に根強いものがあったと言えるでしょう。

● 高度経済成長時代にも導入の機運

2回目の職務給導入の動きは、高度経済成長期のピークが過ぎた1960年代に起きたものです。成長率がやや鈍化する中で、鉄鋼や電機各社が国際競争力を保ち、輸出を伸ばしていくためには、賃金体系を合理的なものにしなければならないという機運が高まった時期であり、職務給が部分的に導入されました。

これは全面的に職務給に切り替えるという発想ではなく、賃金の一部に職務給を導入しようということで、何とか日本的な賃金体系と職務給を両立させられないかと取り組んだものであり、その名残は今でも鉄鋼や電機の一部のメーカーなどに残っています。しかし、本格的な職務給の導入には至りませんでした。

● バブル崩壊で成果給導入が浸透

3回目の職務給導入の機運は、バブル経済が崩壊してゼロ成長・デフレ経済への対応を余儀なくされ、社員の保有能力や潜在能力で賃金を決める「職能給」が行き詰まり、成果主義人事制度への動きが出てきた1990年代です。アメリカの大手システム会社やコンサルタント会社が、職務給を本格的に導入すべきである、と成果主義とともに売り込んできたわけです。

当時、成果主義を導入した著名な例としては武田薬品工業株式会社や富士通株式会社などが挙げられます。成果主義が一時的なブームになる中で、この動きに追随する企業も相当数ありましたが、短期的な成果志向に陥ったり、行き過ぎたノルマ管理に陥ったりして社員のモ

チベーションが下がり、かえって業績が低下するなどの弊害が表面化するようになりました。

　結果として、成果主義も中堅・中小企業や大企業の大部分に波及するまでには至りませんでした。

● ４回目の機運は同一労働同一賃金の動きから

　そして、４回目の機運が今回の同一労働同一賃金の議論になりますが、これまでの動きと今回の動きとでは決定的に異なるところがあります。それは、グローバリゼーションの進展です。日本的な経営が一国内だけで自己完結できなくなり、グローバルな市場経済や欧米的な企業マネジメントを意識した経営をせざるを得ない企業が増えています。いわば経営的な理由から、真剣に職務給というものを検討しなければならない企業が出始めているのです。

　他方では、成果主義人事制度に対する反省から、職務給を日本的なものに改善・改良した新しい仕事基準の賃金体系である「役割給」という賃金制度が次第に普及してきています。

　同一労働同一賃金をどのように捉え、どのように対応すべきか、本書ではこの役割給の観点を重視して解説します。

2. 「同一労働同一賃金」議論の背景

● デフレ経済下、非正規社員が増大

　そもそも、なぜ同一労働同一賃金の議論がこれほど盛り上がってきたのでしょうか。その背景として、社会情勢や雇用環境の変化が挙げられます。

　少子高齢化、グローバル経済化、格差社会、こういった流れの中で、日本はデフレ経済に陥り、低成長からなかなか抜け出せないでいます。

　バブル崩壊後、日本企業は人件費の抑制に20年以上も取り組んできましたが、その結果、正社員の賃金は頭打ちになり、他方では賃金の低いパート社員や派遣社員が増え続けました。今や、非正規社員の割合は労働人口全体の約4割にも達しています。

　ヨーロッパでは非正規社員の賃金は正社員の7～8割程度、統計によっては8～9割ともいわれています。しかし、日本の非正規社員の賃金は、正社員の6割程度とヨーロッパよりもかなり低く抑えられています。

　端的に言えば、人件費を抑えるための安価な労働力として非正規社員が増えているわけですから、当然、日本全体の賃金水準は頭打ちになるどころか減少していきます。そうなると、物が売れなくなるため、値段を下げてでも何とか売ろうとして、さらに低成長に拍車がかかります。その結果、一段と人件費を抑制しなくてはならなくなります。

　日本経済にはこのようなデフレスパイラルが起きてしまっており、この悪循環を何とかして止めようと、政府は「ニッポン一億総活躍プ

ラン」を提唱し、その一環として「働き方改革」が打ち出されました。

また、ニッポン一億総活躍プランの枠内の話ではありませんが、デフレ脱却のために、政府は2014年の春闘時から企業に定期昇給とは別のベースアップ（ベア）を要請し始め、大手企業は4年連続でベアによる賃金水準の引上げに取り組んでいます。

さらに政府は、最低賃金の引上げにも取り組んできました。2017年度の地域別最低賃金の加重平均は848円となり、前年度より25円引き上げられました。結果、最低賃金の最低地域は737円以上となり、これまでにないスピードで最低賃金が引き上げられています。

● 賃金決定のプロセスをもっと透明に

ただ、ニッポン一億総活躍プランが検討されるまで、非正規社員の問題が全く放置されていたというわけではありません。これまでも、パートタイム労働法や労働契約法の改正などが行われてきました。

後ほど詳しく紹介しますが、非正規社員と正規社員の均等待遇、もしくは均衡待遇について法制化がなされています。ただ、これまでのアプローチは部分的な対処にとどまっており、本格的な均等・均衡待遇の実現には至っていません。

そうした反省から、ニッポン一億総活躍プランでは、非正規社員の処遇改善に本格的に取り組み、パート社員や有期契約社員、嘱託、派遣社員といった、賃金が低く仕事の範囲も限定されている人たちの活躍の場を広げ、労働人口の減少に立ち向かっていくべきではないかといった議論がなされているわけです。以上が今回の同一労働同一賃金が提唱されるに至った背景です。

同一労働同一賃金の議論の本質は、属人的要素を基準とする年功賃金や職能給といった、賃金格差の理由を説明しにくい部分をもう少し

合理的で説明可能なものにし、正社員と非正規社員の賃金等の待遇格差を合理的なものに改善しなさいということだろうと考えられます。

● 人手不足下、非正規社員の活用が必須に

　非正規社員の待遇を語る上で、同一労働同一賃金の議論と同じくらい重要なテーマが、有期契約社員の無期転換です。パートタイム労働法や労働契約法の改正の流れの中で、雇用の安定を図る必要があるということから、有期契約社員が契約を更新し、その期間が通算5年を超えている場合、本人の申し出により無期契約に転換できるという制度ができました。

　これは契約期間を有期から無期へ転換するということであり、賃金をはじめとする労働条件を変更する必要はありません。ただ、厚生労働省が公表しているリーフレット等を見ると、正社員と非正規社員の間に「多様な正社員（限定正社員）」というものをつくることを積極的に推進しているように見受けられます。

　その背景には、非正規社員の雇用をもっと安定的なものにすべきだということもありますが、せっかく長く働いてもらうのであれば、単に無期転換するのではなく、企業にもう少し積極的な人材活用を期待しているのではないでしょうか。

　非正規社員を積極的に活用しようという動きは社会的にも出てきています。背景にあるのは人手不足の深刻化であり、その最大の要因が少子高齢化であることは言うまでもありません。企業がグローバル経済の中で生き残りをかけて奮闘し、業務がますます多忙になってきていることもあり、有効求人倍率は2016年度平均で1.39倍、新規求人倍率に至っては2.13倍という高い倍率になり、パート社員も含めて採用が非常に難しくなってきています。

このため、企業は非正規社員の能力をより一層引き出し、さらに幅広く活躍してもらわなければならないという切実な課題に直面しており、せっかく無期転換を図るのであれば、少しでも正社員に近い働き方をしてもらおうと、多様な正社員のあり方を模索する企業が増えています。

● 労働者に広がる多様な働き方への欲求

労働者の側にも、多様な働き方を求める動きが出てきています。

出産・育児、介護というライフイベントごとに制約を抱えている正社員の中には、これまでのような労働時間や職務、勤務地などが無限定な働き方はしたくない・できない、もう少しワーク・ライフ・バランスを大事にしたいという考え方が広がってきています。

日本では、正社員には無限定な働き方を求めることが当然と考えられがちでしたが、長時間労働で疲弊している社員や、共働きや子育て、介護などの理由で勤務しにくくなっている社員が増えていることも背景にあると考えられます。

また、人手不足であるということは、当然に売手市場であるということであり、労働者が雇用主に対しこれまでよりも強い立場に立つようになりました。そういった人たちが「ワーク・ライフ・バランスを大事にしたい」と言えば、会社はそれを無視できません。

● 正社員の間にも賃金決定プロセスの明確化の欲求

さらに、同一労働同一賃金が求められるもう１つの社会的背景として、もっと報酬に対する納得感が欲しいという要望が高まっていることが挙げられます。

実は、正社員の間でも賃金の不均衡が起きています。年功序列的な

古い賃金体系をとっていると、年齢が高い・勤続年数が長いというだけで無条件に賃金が高くなったり、実際の働きや貢献度とのバランスを考えても、若手に比べて高年齢層が過度に優遇されていたり、行き過ぎた待遇のアンバランスが長年にわたって放置されていることが少なくありません。

また、長時間労働が半ば強制されたり、時間外手当がきちんと支給されないいわゆる「ブラック企業」に対して、世間の目はかつてないほど厳しくなっています。

こうした不合理な待遇に不満を持つ社員は、報酬の納得感を強く求め、賃金の曖昧な運用を改めてほしい、企業にもっと説明責任を果たしてほしいと真剣に考えています。

人手不足の中で、労働者からもっと社員を大事にする会社を選びたい、そういう会社に移りたいという動きが出てくると、会社は無視することはできません。そういった動きに素早く対応し、的確に改善していかなければ、今や取り残される時代になったのです。

● 合理的な人事処遇は社会の流れ

ここまで述べてきたように、雇用形態間の賃金格差を是正する同一労働同一賃金の要請や、多様な正社員という新しい雇用形態の創出、現在の正社員中心の賃金体系を合理的なものにすることなど、様々な課題が複雑に絡まり、雇用処遇の違いを超えてバランスのとれた合理的な人事制度を求める社会的なうねりが起きつつあります。

こうした観点から同一労働同一賃金の議論を捉えていけば、その必要性が理解しやすいでしょう。

同一労働同一賃金の問題は、単に法律的・技術的な問題だけではありません。グローバリゼーションが進展する中、ヨーロッパやアメリ

2.「同一労働同一賃金」議論の背景

カ、アジアの新興国で働く人たちも、日本企業がこの問題にどう対応しようとしているのか注目しています。

　せっかく海外の人たちが日本に好意を持ち、日本の企業で働こうとしても、働き方のスタイルや賃金処遇に対する考え方があまりにも世界の常識からかけ離れていては、長続きはしないでしょう。また、日本の働く人たちも、インターネット等を通して世界の働く人たちの様子を見ることができる時代です。

　日本企業が旧弊な人事・賃金管理にこだわり続ければ、若い人たちの意欲・能力をうまく引きだせなくなってしまうのではないでしょうか。このように、今までの特殊で日本的なやり方に安住し続けることはできなくなっています。

3．日本の賃金決定と欧米の賃金決定

● 同一労働同一賃金とは

「同一労働同一賃金」という言葉は「同一労働」と「同一賃金」という言葉から成り立っています。「同一労働」、つまり同じ仕事もしくは同じ責任の仕事であれば、「同一賃金」、同じ賃金を支払うべきであるという概念であり、ヨーロッパやアメリカで普及している考え方です。

同一労働なら同一賃金 ──、同じ仕事をしているのであれば同じ賃金を支払うべき、というのですから、当たり前といえば当たり前のことです。しかし、その当然のことが日本では必ずしも実現されておらず、むしろ、それに反することが非常に多いことはこれまでご紹介したとおりです。では、なぜ欧米ではこの同一労働同一賃金が定着しているのでしょうか。

● 欧米は企業横断的に賃金を決定

まず挙げられるのは、欧米では「企業横断的」な労働市場と賃金決定システムがあることです。職務給というものが浸透している階層社会であるということがその根底にあります。

では、企業横断的とはどのようなことでしょうか。

例えば、ある会社に様々な階層の労働者がいるとします。同様の会社が他にもあります。フランスやドイツでは、労働者が労働組合をつくるとき、企業別でなく、企業横断的・雇用横断的な産業別労働組合をつくります。働いている企業は別であっても、同じ職種の人が集ま

り企業と交渉するわけですから、処遇条件は企業横断的になっていきます。つまり、同じ仕事であれば、同一の賃金水準が社会的に実現されていくわけです。こうしたことが企業を横断して階層ごとに決まっているため、世間水準を無視して「わが社だけ独自に賃金を決める」ということは、ほとんど不可能と言って良いでしょう。

　ただ、階層社会と述べたように、職位による賃金格差は非常に大きいことも特徴です。特にトップマネジメントとミドルマネジメント、そして一般のワーカーの間の賃金格差は相当な開きが存在します。賃金格差が相対的に小さく、各階層の賃金水準がお互いに重なり合うこともある日本とは、大きく異なります。

　日本では生産職や営業職、事務職などのワーカーであっても、年功を積んで優秀な働き方をすれば、賃金がミドルマネジャーに匹敵したり、場合によっては超えたりする人たちも出てきますが、ヨーロッパのワーカーと呼ばれる人たちは、ミドルマネジャーの賃金水準になることはまずありません。

　例えば、フランスなどではグランゼコールなどの大学より上位の高等教育機関の出身者でなければ、カードルと呼ばれる上級マネジャーの地位に到達するようなことは一般的にありません。また、トップマネジャーになる人の多くは、エナルクと呼ばれる超エリート校の卒業生で占められており、ミドルマネジャーの賃金とはまたかけ離れた高額の報酬が支払われています。

　これはフランスの例ですが、ヨーロッパやアメリカでは地位による階層間の格差がはっきりしているのです。そういう階層社会が良いかどうかは別の問題として、そのような形で職務給が浸透しているのです。

第1章 「同一労働同一賃金」問題の背景と課題

● メンバーシップ型雇用とジョブ型雇用

　最近、「メンバーシップ型」雇用と「ジョブ型」雇用ということが言われています。メンバーシップ型は職務の範囲を限定せずに新卒から採用し、組織の正規メンバーとして、組織の求めに応じて柔軟に働く形態を指します。これに対してジョブ型は職種別に採用する、特定の職務に限定した働き方を指します。日本の正社員の働き方は典型的なメンバーシップ型ですが、パート社員や有期契約社員はほとんどがジョブ型です。

　一方、欧米では正社員であってもジョブ型が一般的です。ジョブ型の賃金決定においては、現在就いている職務内容が判断基準となります。

　ジョブ型雇用では、ある仕事がまず用意され「この仕事をやりたい人はいませんか」という求人がかかり、それに対してやりたいという人が手を挙げます。ですからポスト（職位）があって、そこに人を就けるという考え方です。賃金は、その時点の職務内容と世間相場に対応して決めていきます。ところが日本の正社員は、前にも触れたとおり、必ずしも就いている仕事によって賃金を決めているわけではなく、ジョブ型とは対照的な考え方です。

　ヨーロッパでも、労働の質や勤続年数、キャリアコースなどの違いを多少は考慮して、いわゆる定期昇給的な賃金の上げ方をすることはあります。ただ、その昇給の幅は日本企業に比べれば非常に小さく、仮にそういう差を設けるのであれば、その差は合理的でなければならず、その理由を説明する責任が企業に求められます。これがヨーロッパにおける職務給の概要です。

● 企業別に賃金が決まる日本

　このように日本と欧米では賃金の決め方に大きな違いがあるため、

例えば、ヨーロッパの賃金体系をそのまま日本に導入、実施することは、ほとんど不可能と言って良いでしょう。社会・文化が全く異なるヨーロッパの賃金決定方法をそのまま日本に移入することはできないのです。だとすれば、どのような形で同一労働同一賃金を日本に持ち込むか、ここが現在の議論の中心点です。

では、日本の賃金決定の状況をみてみましょう。日本の場合、企業の体力や企業内労使関係によって賃金処遇が企業ごとに決定されています。日本には、欧米のような企業横断的な賃金決定の仕組みはほとんどありません。

日本にも日本労働組合総連合会（連合）という労働組合の中央組織がありますが、日本における労働組合の組織原則は企業内組合です。しかも、1つの企業の労働者が「労職混合」といって、ホワイトカラーもブルーカラーもひとつの労働組合をつくり、公平の原則を追求しながら会社と賃金処遇を交渉するという「単位組合」という組織原理です。これは、ヨーロッパ型の組織原理とは全く異なります。

このように、日本では企業内の労使関係で労働条件が決定されていくので、労働条件は個別企業ごとに大きく異なることになります。

● 長い時間をかけて人材を育てる日本の企業

もう1つ決定的な違いがあります。それは採用と人材の育成形態です。日本の大企業では正社員の新卒一括採用が中心で、採用後はジョブローテーションを行いながら、丁寧に、時間をかけてゆっくりとゼネラリストやスペシャリストの人材を育てていきます。

新卒入社の正社員は、ほとんどの場合、職務内容を限定せずに会社に身柄を預ける形で入社します。会社は採用した人材を長い時間をかけて育成し、その時々の会社の都合・方針で様々な職種を経験させて

いきます。これが正社員のメンバーシップ型雇用の内実です。

ですから、正社員に仕事やポストによって賃金が決まるという職務給の仕組みを持ち込むのは、メンバーシップ型の柔軟な人事管理を行う上で不都合であり窮屈なのです。このことが日本では職務給がなかなか定着しない最大の要因になっています。

ところで、日本は「ILO100号条約」を批准しています。条約の名称は「同一価値の労働についての男女労働者に対する同一報酬に関する条約」というものです。

この条約では性別にかかわりなく、同じような価値の労働に就いていれば、同じ報酬を男女同等に支払うべきであること定めています。批准した国は、この精神を社会的法理として実現しなければならず、日本は1967年にこの条約を批准しています。

ただし、批准はしていますが、実はそれを実行するような法律体系が厳密には整っていません。そうしたこともあり、パート社員等の非正規社員が増えてきたにもかかわらず、男女間の賃金格差も長年放置されてきました。

現在でも、パートタイム労働法や労働契約法が制定・改正されており、「均等待遇」と「均衡待遇」という考え方が導入されていますが、ヨーロッパのような同一労働同一賃金は実現していません。

この点については、次の項で説明します。

4．現行法における「均等待遇」と「均衡待遇」

　日本のパートタイム労働法では、パート社員（短時間労働者）の「職務内容」と「人材活用の仕組み」が正社員と全く同じ場合は、賃金等の待遇について差別的な取扱いを禁じ（均等待遇）、さらに「職務内容」と「人材活用の仕組み」が異なる場合でも、正社員との均衡を考慮した待遇（均衡待遇）を求めています。ここからは、均等待遇と均衡待遇それぞれについて解説します。

● 「均等待遇」とは

　「均等待遇」と「均衡待遇」は漢字1文字の違いですが、「等」と「衡」では大きな違いがあります。

　まず均等待遇ですが、英語でいえば「イコール」、「同じ」ということであり、差別してはいけない、同じでなければならないということです。パートタイム労働法第9条には、「職務内容」および「人材活用の仕組み」が通常の労働者と同じ場合は、差別的な取扱いをしてはならないと定められています。

　では、「職務内容」とはどのようなものか。わかりやすく言うと、「従事している仕事」と「担っている責任の重さ」です。同じ仕事に従事していても、責任の重さは違うということがあります。また、違う仕事に従事していても、責任の重さはほぼ同じということもあります。このように従事している仕事と担っている責任の重さの組み合わせが職務内容ということになります。

次に「人材活用の仕組み」です。これは転勤の範囲や配置変更の範囲・異動の範囲などを指します。会社がその社員を雇用していく中で、どのような範囲で一人ひとりの人材を活用していくかということです。一般的にパート社員には転勤というものはなく、例えばこの店舗だけ、あるいはこのエリアだけ、この職種だけの勤務に限定されています。

しかし、正社員の場合、全国転勤や様々な職種の異動が義務づけられる会社が多いはずです。人材活用の仕組みの違いとは、このような違いです。

職務内容と人材活用の仕組み、この2つが同じであれば、現行のパートタイム労働法は、正社員とパート社員の差別的待遇を禁止しています。

しかし、この2つが、パート社員も正社員も全く同じという企業は実態として少ないと思います。例えば、同じ販売員という職種でも、パート社員と正社員で転勤の範囲や昇進の範囲などが同じという企業は少ないでしょう。あるいは、一見すると同じ仕事をしているように見えても、パート社員と正社員では責任が違うということもよくあります。

サービス業では正社員もパート社員も同じように店舗に立っていますが、正社員は商品の仕入や値引きの決定、クレーム対応など重要な任務があり、パート社員はお客さまの対応だけで良いということがあります。このため、法律に均等待遇の定めがあっても、実際に差別的取扱いの禁止条項に触れたという例は、あまりありません。

なお、契約期間が有期という理由のみでパート社員の処遇に差をつけることも禁止されています。パート社員は有期契約、正社員は無期契約で、従事している仕事の「職務内容」や「人材活用の仕組み」は全く同じという場合、パート社員を有期契約という理由で、正社員と賃金処遇を差別することは禁止されています。この場合は均等に待遇しなければなりません。

●「均衡待遇」とは

　均等待遇のような差別禁止までは求められませんが、その就労実態に応じて正社員と均衡のとれた待遇に努める義務があるというのが「均衡待遇」です。「均衡」を英語で言えばバランスであり、職務内容や人材活用の仕組みの違いに応じたバランスのとれた処遇を求めるということです。

　均衡待遇については、パートタイム労働法第8条と労働契約法第20条に「不合理な労働条件の禁止」の定めがあります。異なる法律ですが、正規社員とパート社員や有期契約社員といったいわゆる非正規社員との間で待遇に差をつける場合、「職務内容」、「人材活用の仕組み」および「その他の事情」を考慮して、「不合理であってはならない」ことが、両法律に定められています。

●「不合理であってはならない」の意味

　この「不合理であってはならない」という点がヨーロッパとの大きな違いです。ヨーロッパでは正規社員と非正規社員の相違は「合理的でなければならない」としていますが、現在の日本の法律は「合理的でなければならない」とまでは言っていません。

　言葉遊びのように感じるかもしれませんが、「不合理である」と「合理的である」の間には中間の領域があり、その取扱いが違います。

　参考までに、「合理的でなければならない」と「不合理であってはならない」ではどのように違うのかを経団連は次のように図式化しています（**図表1**）。

第1章 「同一労働同一賃金」問題の背景と課題

図表1　合理・不合理の違い（パートタイム労働者が正社員との処遇差に不満を持ち、係争になった場合）

	合理／不合理	立証責任	裁判官から見た処遇の違い		
			合理的である	合理的ではないが不合理とも言えない	不合理である
日本	不合理であってはならない	社員	○	○	×
ヨーロッパ	合理的でなければならない	企業	○	×	×

○は会社側に有利（適法）、×は会社側が不利（違法）
出典：「同一労働同一賃金の実現に向けて」（一般社団法人 日本経済団体連合会）をもとに作成

　合理性が問題となるのは、裁判などで係争になった場合がほとんどです。通常、社員とのやりとりで合理的か不合理か、ということが争われることはないので、実際に裁判になった場合を考えてこの表は作成されています。

　日本の場合、正規社員と非正規社員の間で、待遇差が不合理であってはなりません。もし、労使の解釈の違いにより紛争になった場合、労働者側が不合理であることを立証する必要があるとされています。仮に裁判になった場合、労働条件の相違の理由を会社側が合理的に説明できるのであれば問題ありません。

　ところが、待遇に差がある理由を全く説明できない、その差は不合理であるという場合、これは会社側が不利になります。

　しかし、現実の世界は白黒だけで解決するわけではなく、中間のグレーゾーンがあります。それが「合理的ではないが、不合理とも言えない」というゾーンであり、どちらともとれないという状態です。この場合、現行法では、不合理であってはならないと定められているので、「不合理であるとまでは言えない」のであれば、会社側が有利と

4. 現行法における「均等待遇」と「均衡待遇」

いえます。

　一方、ヨーロッパでは、その労働条件の差は「合理的でなければならない」とされており、合理性の立証責任は会社側にあります。会社は合理的であるとする理由を説明しなければなりません。

　ヨーロッパでもその待遇差が合理的であれば企業に有利、不合理であれば企業に不利ということに変わりはないでしょう。違いは**図表1**の中間（グレーゾーン）の場合です。

　ヨーロッパの場合、労働条件の相違は合理的でなければならないため、グレーゾーンの場合、企業が不利、社員が有利になると言えます。

　2016年12月20日に公表された「同一労働同一賃金ガイドライン案」では、ヨーロッパのように会社側に立証責任を求めることまでは盛り込まれませんでしたが、今後、法制化が進む中でどのような形になるのか、注視する必要があります。

5．ポイント解説
　同一労働同一賃金に関する裁判例の紹介

● **長澤運輸事件**

　正社員と非正規社員の賃金格差に関する裁判は、これまでにもありましたが、会社側が敗訴する事案はほとんどありませんでした。しかし、最近、企業側敗訴の判決が立て続けに出ました。ここでは注目すべき2つの裁判例を紹介します。

　1つ目は「長澤運輸事件」です。セメントなどを運送する従業員70名程度の会社の社員が、定年後も正社員と仕事内容が変わらないにもかかわらず、賃金が減額されたことについて争った事案です。

　定年前の給与は、基本給、職務給、能率給（いわゆる歩合給）、精勤手当、無事故手当、住宅手当、家族手当、役付手当、通勤手当、その他に、賞与と退職金が支給されていました。

　これが、定年後再雇用になると、基本給、能率給、無事故手当、通勤手当、調整給（厚生年金の報酬比例部分が支給されない期間）となります。

　再雇用者はいくつかの手当が支給されなくなり、固定的に支払われる賃金が減額になっています。その代わりに、定年前は車両稼働の3.15～4.60％だった能率給が、定年後は7％～12％になりました。支給率が上がっているため、働けば働くほど多くの賃金がもらえると考えられますが、対象は60歳を超えた人であることを忘れてはいけません。

　この長澤運輸事件には地裁判決と高裁判決があります。2016年5月、東京地裁は、正社員と業務の内容、責任の程度、業務内容の変更範囲、

配置変更の範囲に差がなく、職務遂行能力にも差がない、つまり職務も人材活用の仕組みも一緒で、本人の能力にも差がないことから、このような賃金水準の変更は不合理なものとの評価を免れないと判断しました。

会社側は、定年後再雇用者の賃金を引き下げることは広く社会一般の慣行であると主張しましたが、東京地裁は、それは一般的とまでは言えないと退け、会社側は控訴しました。

これに対し、2016年11月の東京高裁判決では、正反対の判断が示されました。東京高裁も、仕事の内容や人材活用の仕組みに差はないと判断しています。ただ、定年後再雇用者の賃金引き下げは社会通念として認められ、不合理とまでは言えないとして、地裁判決を取り消し、労働者側の請求を棄却しました。地裁が、一般的慣行とまでは言えないとした再雇用者の賃金切り下げに対し、高裁は、社会通念上相当であると判断したわけです。

この社会通念という部分は労働契約法第20条の「その他の事情」にあたると考えられ、高裁ではこの点を考慮したものと思われます。

このように、地裁と高裁で判断が分かれたこの事案は上告され、最高裁の判断を待つことになりました。

なお、この事案で1つ気をつけなければならないことは、同社の再雇用者の賃金水準は定年前の7～8割程度だったということです。高年齢雇用継続基本給付金は賃金が61％に減額されたときに最も支給額が大きくなることを考えると、世間一般よりやや高い水準だったと言えます。

● ハマキョウレックス事件

もう1つが、株式会社ハマキョウレックスという、一部上場の一般

第1章 「同一労働同一賃金」問題の背景と課題

貨物運送会社の事案です。

　こちらは定年後再雇用ではなくて、有期契約の運転手が、正社員と仕事内容が変わらないにもかかわらず賃金に差があることは不合理だとして争った事案です。

　正社員と有期契約社員の違いは、正社員は全国転勤があり、支店長等の中核人材になる可能性がある、いわゆる幹部候補生、将来の会社を担う人材と会社は見ています。

　正社員の基本給は月給制で、定期的な昇給があり、手当は、無事故手当、作業手当、給食手当、住宅手当、皆勤手当、家族手当、通勤手当、他に賞与と退職金がありました。

　一方、有期契約社員は正社員のような転勤や昇進はなく、基本給は時給制でした。ただし、会社が要望した出勤日に全部出勤した場合、昇給の可能性があり得るという制度でした。

　判決は、まず、正社員には転勤があって、将来、会社の中核人材としての役割を期待する一方、有期契約社員にはそれがないことから、責任や人材活用の仕組みに違いがあることを認め、次に個々の労働条件について不合理かどうかの判断を下しています。

　この点は、先ほどの長澤運輸事件と異なり、正社員と有期契約社員の違いについて、賃金の支給項目ごとに是非を判断しています。

　基本給をはじめ、住宅手当や皆勤手当、家族手当、賞与、退職金は、正社員と有期契約社員に差があっても不合理ではないとされましたが、無事故手当、作業手当、給食手当、通勤手当に差があるのは不合理だと判断しています。

　無事故手当は、トラックを運転していて事故がなければ支給される手当ですが、事故の有無に有期か無期かは関係ないという判断でしょう。給食手当も、契約社員か正社員かにかかわりなく食事はとります

ので、これも説明がつきません。

また、通勤手当も、通勤する行為自体に正社員と非正規社員の違いはないでしょう。正社員は転勤等があるため、場合によっては通勤距離が長いということもありますが、同社のケースでは説明がつかないため不合理であるとしています。

これに対し、ほかの手当は不合理ではない、差は認められると判断しています。「均等待遇」ではなく「均衡判断」についての判断ですので、現行法では不合理とまでは言えない場合、差は認められるという結論になります。不合理と認定されたものは、転勤や昇進などの人材活用の仕組みと明らかに関係がないものということでしょう。

● 同一労働同一賃金が企業に与える影響

前述したように、これまで同一労働同一賃金、均等・均衡待遇に関する裁判で、会社側が負けることはほとんどありませんでした。どちらも最高裁の判断を待っている状態ですが、地裁・高裁レベルとはいえこのような判決が出たのは、社会のあり様が変わってきている影響かもしれません。

このような中で、同一労働同一賃金を進めていくと、企業にどういった影響があるのか、いくつか挙げてみます。

1つ目は、正社員の賃金水準が非正規社員にも影響を及ぼす結果、非正規社員にも企業間格差が生まれる可能性があることです。すでに触れたように、同一労働同一賃金の大きな目的は、正社員と非正規社員との企業内での格差を縮めようということです。そうすると、例えば、自社より正社員の賃金水準が高い同業他社が、同一労働同一賃金により非正規社員の賃金を引き上げた場合、自社の非正規社員が、「同業他社の方が給料が高いのでそちらに移りたい」と言うかもしれない

わけです。

　現在、非正規社員の採用時給は、一部の高度な技術を持つ人たちを除き、ほとんどは地域相場に基づいて決められていると思います。それが同一労働同一賃金が実施されるようになると、地域相場プラス企業体力、正社員の賃金差も影響するようになります。これまでは「他社も最低賃金プラス数十円で同じぐらいの時給だな」と思っていたところに、隣の企業は大手企業なので時給が跳ね上がったとなれば、中小企業は太刀打ちできないのではないでしょうか。

　今後、企業の人件費負担が重くなることはあっても、軽くなる可能性は低いでしょう。賃金水準の上昇は避けがたいと思われます。

　2つ目は、処遇の違いに対して、より説明力のある人事制度が求められるようになることです。今まではパートだから、非正規だから、有期契約だから（本当は今でも違法ですが）という理由で、特に処遇差の理由を説明してこなかった企業が多いと思います。

　しかし、これからは、正社員と非正規社員との賃金格差について、しっかりとした説明が必要になります。

　政府は、次章から解説する「同一労働同一賃金ガイドライン案」をベースに関連諸法令を改正し、2019年度からの施行を目指すとしており、企業も相当の心構え、あるいは対策の準備をしておく必要があります。

　具体的にどのような法改正になるかはまだわかりませんが、世間の流れは同一労働同一賃金に向かっていることは間違いありません。少しずつ用意をしておかないと、直前になって慌てることにもなりかねませんので注意してください。

第2章

いよいよ実務的な検討段階に入る同一労働同一賃金とその課題

1. ガイドライン案の背景・目的・趣旨

(1)「同一労働同一賃金ガイドライン案」発表について

　2016年12月20日に「同一労働同一賃金ガイドライン案」が発表され、いよいよ同一労働同一賃金も実務的な検討段階に入ってきたと言えます。

　このガイドライン案の発端は、2016年6月に閣議決定された「ニッポン一億総活躍プラン」であり、その中で「同一労働同一賃金の実現に向けて労働契約法、パートタイム労働法、労働者派遣法の的確な運用を図るため、どのような待遇差が合理的であるか、または不合理であるかを事例等で示すガイドラインを策定する」とアナウンスされていました。

　政府は、少子高齢化が進む日本経済の活性化を目指しており、その中で、同一労働同一賃金を実現することで非正規社員の処遇を改善し、企業の生産性を高め、消費の増大につなげていきたいと考えています。

　非正規社員の割合が4割に達し、今後さらに増えることが予想される中で、パートの人たちは年収100万円から150万円程度の賃金に抑えられ、フルタイムであっても200万円から300万円程度の賃金しかもらえないという実態があります。このため、非正規雇用労働者の増加によって消費が伸びなくなっていると考え、それを改善しようというのが同一労働同一賃金の趣旨の1つです。

1. ガイドライン案の背景・目的・趣旨

● ガイドライン案の目的

　ガイドライン案は、「1．前文（目的）」として、「本ガイドライン案は、正規か非正規かという雇用形態にかかわらない均等・均衡待遇を確保し、同一労働同一賃金の実現に向けて策定するものである。同一労働同一賃金は、いわゆる正規雇用労働者（無期雇用フルタイム労働者）と非正規雇用労働者（有期雇用労働者、パートタイム労働者、派遣労働者）の間の不合理な待遇差の解消を目指すものである」としています。

　ここにはっきり示されたとおり、このガイドライン案が策定された最大の目的は、「正規と非正規の不合理な待遇差を解消する」ことです。このガイドライン案は正社員の賃金体系を何とかすべきとは言っておらず、正規と非正規間の問題をまず解決しようというスタンスです。

　次に、ガイドライン案の前文は、「今後、各企業が職務や能力等の内容の明確化と、それに基づく公正な評価を推進し、それに則った賃金制度を、労使の話し合いにより、可能な限り速やかに構築していくことが、同一労働同一賃金の実現には望ましい」としています。

　繰り返しになりますが、ガイドライン案の最大の目的は、正社員と非正規社員の不合理な待遇差を解消することにあります。

　この点に関しては、すでにパートタイム労働法や労働契約法が均等・均衡待遇の原則を定めてきたわけですが、それをさらに推し進めて、その実効性の確保を目指そうというものです。

　そこで、実効性を確保するためにこれからどういった形で、ルール化していくのかということが最大の焦点になります。これに伴い、将来的には企業も何らかの形で同一労働同一賃金の考え方に沿うような賃金・評価制度への転換が求められていくでしょう。

　企業はこれまで以上に賃金・評価制度の公正さを確保することが求められ、社員に対して具体的な説明力が求められる時代になってきた

と言っても過言ではありません。

● 「問題とならない例」、「問題となる例」を明示

ガイドライン案は、前文の中で「本ガイドライン案は、いわゆる正規雇用労働者と非正規雇用労働者との間で、待遇差が存在する場合に、いかなる待遇差が不合理なものであり、いかなる待遇差は不合理なものでないのかを示したものである。この際、典型的な事例として整理できるものについては、問題とならない例・問題となる例という形で具体例を付した。なお、具体例として整理されていない事例については、各社の労使で個別具体の事情に応じて議論していくことが望まれる」と、自らの趣旨を述べています。

ガイドライン案では、待遇差が問題とならない例、問題となる例として、目安を紹介していますが、すべてのパターンを網羅するのは現実的ではないため、網羅できないものについては、具体例の趣旨に沿って各社で話し合って決めるよう求めており、すべての待遇差をなくす完全同一労働同一賃金までは求めていません。

● ガイドライン案の法的効果

ガイドライン案が示した「例」は、あくまで格差の合理性・不合理性を判断するための参考事例です。しかも、現在は案の段階であり、このガイドライン案自体に法的な拘束力はありません。これからガイドライン案の中身を説明していきますが、「ガイドライン案にこう書いてあるからこうしなくてはならない」という法的拘束力は今のところないことに留意してください。

では、はじめに、「ガイドライン案」とはどういうものなのかを説明します。一般的には、法律が制定されてから政令が公布され、さら

にその制度を具体化していくために厚生労働省から様々な具体策について規定した厚生労働省令が出されます。この省令が出てくると、次にもっと具体的な制度の運用指針として、法律の内容を解釈・説明する行政通達が発出されます。ガイドラインはこの通達レベルの1つとして示されることが多く、法的拘束力を持つ政令・省令とは違い法律運用上の行政解釈を示すものであり、解釈例規ともいわれます。

したがって、一般的に通達やガイドラインに法的拘束力はなく、裁判所も通達やガイドラインに縛られることはありません。しかし、そうはいっても、現実に行政が通達やガイドラインで実務的な指導を行っているという事実を全く無視することもできません。

つまり、通達も裁判所にとって法的秩序をつくっていく重要な判断材料の1つなのです。法律から政令・省令に至る政府・行政の一貫した解釈として、また、これを具体的に実施していくためのガイドラインとして行政が示したものは、裁判所も有力な判断材料の1つと考えていると思われます。

ただし、今回のガイドライン案は法律の改正に先行しています。案という形でガイドラインが先行し、これを具体化するために法律をつくるという、通常の流れとは逆に動いている珍しいケースです。

おそらく、こういった方法でないと同一労働同一賃金は形にならないだろうという関係者の判断なのでしょう。まず、初めに具体的なものをつくって開示し、それがどの程度社会に受け入れられるか、今は観測気球を打ち上げている段階です。これに対していろいろな意見が労働者や使用者、学識者から出てきて、必要な修正を織り込んだ上で法律をつくっていくものと思われます。

(2) ガイドライン案のポイント

　ガイドライン案は、正社員と有期雇用労働者とパートタイム労働者の待遇差について（1）基本給、（2）手当、（3）福利厚生、（4）その他、という4つに分けて解説しています。

●均等待遇と均衡待遇を改めて強調

　まず、（1）基本給については、基本給の支給基準を「職業経験や能力」、「業績・成果」、「勤続年数」の3つに分類し、それぞれの支給基準に関して正社員と同一に評価される有期雇用労働者およびパートタイム労働者には、その部分については正社員と同一の支給をしなければならない。一定の違いがある場合には、その相違に応じた支給をしなければならない、としています。

　この考え方は、（2）手当に分類されている賞与や役職手当も共通しており、例えば、賞与について、会社の業績などへの貢献に応じた部分は、正社員と同一の貢献である有期雇用労働者・パートタイム労働者には、貢献に応じた部分につき同一の賃金を支給しなければならない。一定の違いがある場合には、その相違に応じた支給をしなければならないとしています。

　会社の業績などへの貢献が全く同じ場合は同じ金額を支給せよ、貢献が少し違うのであれば、その違いに応じた支給をせよ、としているわけであり、基本給と同じ論法です。

　それは、役職手当も同じです。役職手当については、役職の内容、責任の範囲・程度に対して支給する場合、正社員と同一の役職・責任に就く有期雇用労働者・パートタイム労働者には、同一の支給をしなければならない。役職の内容、責任に一定の違いがある場合には、そ

の相違に応じた支給をしなければならない、としています。

同一に評価される場合は同一の支給をしなくてはいけないという部分は均等待遇のことを指し、一定の違いがある場合にはその相違に応じた支給をしなければならない、という部分は均衡待遇のことを指しています。

ですから、ガイドラインという体裁をとっていますが、要するに、これまでの均等待遇と均衡待遇の考え方を改めて整理したものともいえるでしょう。

次に、その他の手当です。危険度または作業環境に応じて支給される特殊作業手当、交替制勤務などの特殊勤務手当、精皆勤手当、時間外・深夜・休日労働の割増率、通勤手当、出張旅費、食事手当、単身赴任手当、特定の地域で働く者を対象とする地域手当は、正社員と同じ支給要件を満たす有期雇用労働者・パートタイム労働者には、同一の支給をしなければならない、としています。

この部分は、均等待遇だけが強調されており、「違いがある場合には違いに応じた」という点は省かれています。ピンポイントな内容ですが、同じ支給基準が当てはまる場合は、おそらく正社員、非正規社員にかかわらず同じ支給をしなさいということになります。

● 「将来の役割期待が違う」という説明だけでは不十分

また、無期雇用労働者・フルタイム労働者と有期雇用労働者・パートタイム労働者に基本給などで賃金に差がある場合、正社員と非正規社員では「将来の役割期待が違う」という抽象的な説明だけでは足りず、客観的・具体的な事実に照らして不合理なものであってはならない、ということが本文の「注」で示されています。

これまで、「正社員と非正規社員ではどうして待遇が違うのですか」

と聞かれたとき、多くの企業は、「正社員は将来にわたっていろいろな活躍をしてもらう人たちだから、手厚い待遇をしている。非正規社員にはそのようなことを予定していないので、世間相場に応じた対応をしている」と答えていたのではないでしょうか。

「処遇が低いのは非正規社員だから」、「処遇が高いのは正社員だから」といった身分差が当たり前のように肯定されるムードがありました。

正社員の賃金が非正規社員より高い理由の1つとして、将来の役割期待が正社員と非正規社員とでは違うからと説明されることが多かったわけです。

しかし、ガイドライン案は「注」において、そういった抽象的な理由だけではなく、客観的・具体的な事実に照らして、均等なのか、均衡なのかをしっかり判断するよう求めています。

●退職金、企業年金、家族手当、住宅手当については触れていない

今回のガイドライン案では、退職金、企業年金、家族手当や住宅手当等については触れられておらず、触れていない理由についても言及がありませんが、今の段階ではまだ手に負えなかったのではないかと筆者は推測しています。

家族手当に関しては、働き方改革の問題にも関連しており、女性に男性と同じように活躍してもらうためにはどういう処遇のあり方が望ましいかということを考える必要があります。

配偶者手当は、多くは男性への優遇措置として機能しており、その是非について議論があります。厚生労働省には「女性の活躍促進に向けた配偶者手当の在り方に関する検討会」というものがあり、その検討会での議論が配慮された可能性があります。

住宅手当に関しては、世帯主は男性が多く、世帯主に対して支給す

る住宅手当もまた、実質的には男性を優遇する運用になっているのではないかという議論があります。こうしたことを配慮して、家族手当や住宅手当にはまだ触れずにいるのかもしれません。

2．同一労働同一賃金に向けての課題

(1) 求められる賃金制度と雇用のあり方

　実際に同一労働同一賃金を実行していく上でどのような課題があるでしょうか。まず、このガイドライン案の最大の目的は非正規社員の処遇を改善することであり、つまりは賃金を上げるということです。

　では、正社員の賃金を下げずに非正規社員の賃金を上げたらどうなるでしょうか。当然、人件費が膨らんでいきます。そのようなことが実現可能なのか、これが同一労働同一賃金における最大の課題です。つまり、その原資を一体どこから捻出するのかということです。

　正社員の賃金カットを実行すれば、労働条件の改悪、就業規則の不利益変更という問題になります。これは既得権の侵害ですから、紛争になった場合には会社側が不利になります。

　今すぐではなく将来的に正社員の賃金を抑制することも、その方法によっては「既得権の侵害だ、期待権の侵害だ」という紛争の種になるかもしれません。

　また、昇給を抑えるだけでは限界があるため、結果として売上の増大や生産性の向上などが必要になります。

　結局、最終的な議論の行き着く先は生産性の向上です。現在の長時間労働をいかに解決していくかということも、すべては生産性向上にかかっています。

　日本経済が失われた10年や20年などと言われているのは、生産性が

2. 同一労働同一賃金に向けての課題

向上しなかったことに尽きます。同一労働同一賃金の実現は生産性向上に至る1つのショック療法的な意味合いがあるかもしれません。

● 同一労働同一賃金を避けるための「職務分離」

　2つ目の課題として、同一賃金を支払わなくとも問題がないように、非正規社員には簡易な仕事しか任せないようにして「同一労働」を避ける動きが起こる可能性があります。これにより、非正規社員の業務の固定化、習熟機会の喪失につながるおそれがあり、正規・非正規格差の固定化を助長するのではないかと危惧されています。

　確かに、正社員の仕事と非正規社員の仕事を明らかに分けてしまい、正社員の仕事は非常にハイレベルなもの、非正規社員の仕事は低レベルなものと仕切りをつくれば、賃金の格差は合理的です。一部では、そうすれば良いのではないかという議論もなされていますが、これに対し、それは「職務分離」であるとの反対意見もあります。職務分離につながるようなことをしては、同一労働同一賃金の本来の趣旨に反するだけでなく、社会的な不公正を固定化し、身分社会になるのではないかと懸念されています。

　おそらく、職務分離をいかに防止するかが今後の同一労働同一賃金の政策的な実現プロセスにおいて重要なポイントであり、重点的に議論されるのではないでしょうか。また、通達やガイドラインの中にも、職務分離に対する何らかの歯止めが盛り込まれる可能性があります。

　その1つの鍵が、厚生労働省の「同一労働同一賃金実現に向けた検討会報告書」に盛り込まれた、能力開発機会の均等・均衡です。非正規社員にも能力開発機会を与え、正社員と同じように能力を伸ばし、仕事のレベルアップが図られるようにしていくべきであり、それが生産性向上にもつながるという議論がなされています。

第2章　いよいよ実務的な検討段階に入る同一労働同一賃金とその課題

● **職務分離が正社員の働き方を制約するおそれ**

　3つ目の課題は、2つ目の課題と関連しますが、同一労働となることを避けるために非正規社員の仕事を軽減した場合、その分、正社員の負担が増加し、今以上に長時間労働が深刻化する可能性があることです。

　現在は、付帯的、周辺的な仕事を非正規社員が担ってくれているので、正社員はコアの仕事に専念できています。

　それが職務分離により、パートタイム労働者が正社員のコアの仕事を手伝うことができなくなれば、結局、正社員が付帯的、周辺的な仕事も全部自分たちで抱え込むことになり、負担が増加します。

　正社員の長時間労働を助長する流れは、働き方改革に反するものです。

● **より客観的な正社員の賃金制度が求められる**

　4つ目の課題は、非正規社員の賃金決定にあたり、比較対象となる正社員の賃金決定要素（賃金制度）がはっきりしない、あるいは社員に公表していない会社が多いという点です。

　就業規則に、「社員の賃金については別に給与規程に定める」としているところも多いのではないでしょうか。そこで給与規程を開いてみると、「社員の賃金・基本給は年齢、勤続、経験年数、あるいは仕事の難易度、業績、その他の要素を勘案して総合的に決定する」とだけ書かれています。

　このような賃金の決め方は総合決定給と呼ばれるものですが、具体的な賃金決定要素ははっきりしておらず、これでは、賃金決定の合理性・公正性・説明力が担保できません。

　今後、整備・改正される法律が就業規則にどれだけの説明力を求めるものになるのかはわかりませんが、何らかの紛争になったときに説

明が求められることは避けられないでしょう。そのときに「わが社の給与規程ではこのように（総合決定給方式で）定めています」と、主張しても説明力は乏しく、実際にはどのように判断・決定しているかについて、紛争の相手の社員または第三者から具体的な説明を求められる可能性があります。

ですから、正社員の賃金制度が曖昧だったり、非公表にしている企業は、より客観的な賃金制度への改善が迫られると考えられます。

もう1つ、均衡待遇を図る場合の課題があります。それは、どの程度が適切な格差であるか、正社員の賃金の何％ぐらいであれば良いのかという基準がよくわからないということです。これは判例・裁判例を積み重ねていくしかありません。

● 同一労働同一賃金が地場賃金の相場を上げる

次に、大企業が同一労働同一賃金に対応して非正規社員の賃金を引き上げていくと、中小企業の採用競争力が相対的に弱まり、人材確保が困難になるという問題があります。この点についてはすでに具体的な事例があります。

例えば、地方に大手資本の大型小売店が出店し、パートタイム労働者の時給を1,000円、1,200円、1,500円と引き上げたことにより、その周りの小売業、製造業がパートタイム労働者を採用できなくなるということが起きています。

大企業が立地している地域で、収益力のある企業が自社内の同一労働同一賃金に配慮して時給を上げることになれば、当然その周りの中小企業は影響を受けます。これはとても大きな問題です。

第2章　いよいよ実務的な検討段階に入る同一労働同一賃金とその課題

● **パートタイム労働者の賃金上昇で就業調整も**

　さらに、同一労働同一賃金の影響によりパートタイム労働者等の時給を引き上げた場合、労働時間がそのままでは所得税や社会保険の扶養控除の壁に到達しやすくなり、サービス業等では年末に人手不足になる可能性が出てきます。

　2017年度の税制改正でパートタイム労働者の所得税配偶者控除の上限額が150万円に改定されましたが、社会保険の130万円の壁（従業員500人を超える企業は106万円）はいまだに残っており、扶養控除の壁を気にしつつ、労働時間の調整、労働量の調整をしている人はまだまだ多いと言われています。

　時給が上がれば、それだけ働ける時間数は減ってしまいますので、労働時間に制約のある人が今以上に大量に生まれる可能性があります。それを避けるためには、社会保険の壁や150万円の壁よりもかなり高い収入が得られるように時給を引き上げ、配偶者控除のことなど気にせずに働いてもらえる状態にする必要があります。このことも相当なコストアップ要因になってきます。

● **無期転換権との関係**

　有期契約を繰り返し、通算5年を超えた社員の無期転換が2018年4月から始まります。無期転換権を持つ有期契約社員が無期転換を申し出た場合、会社はこれを認めなければならないというものです。

　この制度により、無期転換社員（無期雇用契約社員）が今後増加していくため、実務上は賃金水準と雇用期間の2つの面で人件費増を迫られることになります。

　なお、ガイドライン案では、家族手当や住宅手当などの一般的に長期雇用を前提とした社員に支給されている手当については言及されて

いませんが、無期転換社員は長期雇用です。正社員にのみ家族手当、住宅手当を支給し、無期転換社員には支給しない場合、支給しない理由をどう説明するのでしょうか。「あなたが元有期契約社員だったからです」と伝えても納得は得られないでしょう。企業は無期転換とあわせてこれらの手当の支給基準の見直しを迫られる可能性があります。

　これまで説明してきたように、同一労働同一賃金ガイドライン案が本格的に動き出したときの影響は非常に大きいと言わざるを得ません。

3．同一労働同一賃金ガイドライン案の解説

(1) 同一労働同一賃金における基本給の決定

　次に、ガイドライン案の具体的な解説に入ります。まず、賃金の中でも一番大事な基本給について、ガイドライン案では次の3つに分けて解説しています。①職業経験・能力に応じて支給しようとする場合、②業績・成果に応じて支給しようとする場合、③勤続年数に応じて支給しようとする場合――これらそれぞれについて、「問題とならない例」、「問題となる例」を挙げています。

　基本給以外もおおよそこうした書き方になっていますが、前にも触れたように、あらゆる事象をすべてガイドラインに盛り込むことはできません。盛り込まれていない、整理されていない事例については、各社、個別の具体的事情に応じて労使間で議論してください、というスタンスです。

(2) 基本給を職業経験・能力に応じて支給する場合

　まず、職業経験・能力に応じて支給しようとする場合です。ガイドライン案では「基本給について、労働者の職業経験・能力に応じて支給しようとする場合、無期雇用フルタイム労働者と同一の職業経験・能力を蓄積している有期雇用労働者又はパートタイム労働者には、職業経験・能力に応じた部分につき、同一の支給をしなければならない」

3. 同一労働同一賃金ガイドライン案の解説

とされています。これは均等待遇のことを指しています。さらに「また、蓄積している職業経験・能力に一定の違いがある場合においては、その相違に応じた支給をしなければならない」とされています。これは均衡待遇について言及した箇所です。

　抽象的な表現なので、代表的な制度・手法を考えてみましょう。

　例えば、従事する業務について、職能等級に応じた習熟度の評価基準や目標を職種別に設定したり、いわゆる職能要件書を用意して、その遂行状況から従事する業務の習熟度合いを人事考課によって評定して基本給の昇給に連動させる（いわゆる職能資格制度）場合です。

　これは文字どおり労働者の職業経験・能力に応じて支給しようとする場合に該当すると思います。

　また、職能要件書までは用意していないけれども、職能等級に対する能力・意欲を人事考課によって評定して基本給の昇給・昇格に連動させ、昇格した場合はさらに給料が上がるという場合も、この文脈に当てはまると考えられます。

　職能資格制度でなくとも、会社の期待する人材像や行動基準を示したり、標準的な業務の遂行状況、あるいは高業績者（ハイパフォーマー）の行動特性などコンピテンシーと呼ばれる評価基準を示したり、等級別の評価基準書に基づいて職務の経験や能力のレベルを評価して、基本給の昇給や昇格に連動させている場合もこれに該当すると思われます。「わが社は職能資格制度ではありません」と言っても、行動評価やコンピテンシー評価といった手法を含めると、職業経験・能力を評価している会社は数多くあり、これらはすべてこの項目に該当することになります。

第2章　いよいよ実務的な検討段階に入る同一労働同一賃金とその課題

● 〈問題とならない例①〉人事コースにより職業能力が異なる場合

　ガイドライン案が示した「問題とならない例」、「問題となる例」を紹介します。まず、「問題とならない例①」です。

> 　基本給について労働者の職業経験・能力に応じて支給しているA社において、ある職業能力の向上のための特殊なキャリアコースを設定している。無期雇用フルタイム労働者であるXは、このキャリアコースを選択し、その結果としてその職業能力を習得した。これに対し、パートタイム労働者であるYは、その職業能力を習得していない。A社は、その職業能力に応じた支給をXには行い、Yには行っていない。

　無期・フルタイムのXさんは特殊なキャリアコースにのっていて、職業能力に応じた賃金になっています。一方、Yさんは、勤務形態はパートタイムで、特殊なキャリアコースにのって長期的な職業能力を形成するという人事コースではなく、その職業能力を習得していません。この場合、職業能力に応じた賃金に差があっても、問題とならないという事例です。

　この例は、同一労働同一賃金の許容範囲をかなり広げていると思われます。いわゆるコース別人事制度をとっていて、こちらは職業能力を形成していくコース、一方はそうではないコースとした場合、職業能力に応じた賃金差があっても構わないということになります。

問題とならない例①　人事コースにより職業能力が異なる場合

	Xさん	Yさん
契約期間・勤務時間	無期・フルタイム	パートタイム
特殊なキャリアコース ⇒職業能力の習得	あり	なし
職業能力に応じた賃金	あり	なし

●〈問題とならない例②〉同じ定型業務でも人事コースが違う

> B社においては、定期的に職務内容や勤務地変更がある無期雇用フルタイム労働者の総合職であるXは、管理職となるためのキャリアコースの一環として、新卒採用後の数年間、店舗等において、職務内容と配置に変更のないパートタイム労働者であるYのアドバイスを受けながらYと同様の定型的な仕事に従事している。B社はXに対し、キャリアコースの一環として従事させている定型的な業務における職業経験・能力に応じることなく、Yに比べ高額の基本給を支給している。

　問題とならない例の2番目です。Xさんは無期雇用のフルタイム労働者、Yさんはパートタイム労働者です。両方とも定型業務に従事しています。Xさんはまだ若く、入社したばかりで、ベテランのYさんからアドバイスを受けています。パートタイム労働者のYさんが正社員のXさんにアドバイスしており、Yさんは、この定型業務については正社員のXさんより仕事ができるということです。

　ところが、正社員のXさんは、勤務地や職種の変更があり、将来、管理職に育成するというキャリアコースにのっている人で基本給は高く、一方のYさんは、将来にわたって勤務地・職種変更などということはなく、管理職キャリアコースを選択していない人で基本給が低い。

　このような場合、Yさんの賃金が低いことは問題とならないとされています。

　この考え方はパートタイム労働者の方からすれば不満があると思います。仕事を教えている側よりも教えられている側の方が給料が高いという、一見すると矛盾と思われる状態です。ただ、この矛盾は一過性のものであるとガイドライン案は判断しているのでしょう。管理職

第2章　いよいよ実務的な検討段階に入る同一労働同一賃金とその課題

になる人事コースにのっている場合は問題ないとされています。

この例に象徴される状態は、ベテランの非正規社員を雇用する多くの企業で起きていることであり、今後もかなりの議論を呼ぶのではないかと予想されます。しかし、ガイドライン案はこれを問題とならない典型例として示しており、相当許容範囲を広げたと考えられます。

問題とならない例②　同じ定型業務でも人事コースが違う

	Xさん	Yさん
契約期間・勤務時間	無期・フルタイム	パートタイム
業務	定型業務	
アドバイス	受ける	する
勤務地・職種変更	あり	なし
管理職キャリアコース	該当する	しない
基本給	高い	低い

● 〈問題とならない例③〉
　同じ有期雇用でも一方は無期雇用・フルタイムに転換した

> C社においては、同じ職場で同一の業務を担当している有期雇用労働者であるXとYのうち、職業経験・能力が一定の水準を満たしたYを定期的に職務内容や勤務地に変更がある無期雇用フルタイム労働者に登用し、転換後の賃金を職務内容や勤務地に変更があることを理由に、Xに比べ高い賃金水準としている。

次に、問題とならない例の3番目です。Xさん、Yさんとも有期契約社員であり、職場・業務も全く同じ、これらを変更することもありませんでした。ところが、Yさんは会社が求める職業経験・能力が一定水準を満たしたことにより、今後は無期雇用・フルタイムに転換し、勤務地や職種変更にも応じることになりました。

3．同一労働同一賃金ガイドライン案の解説

　このような場合、Yさんの給料は高くなり、Xさんは今までどおり勤務地・職種変更はないコースにとどまるため賃金は低いままです。これも問題とならない、とされています。

問題とならない例③　同じ有期雇用でも一方は無期雇用・フルタイムに転換した

	Xさん	Yさん
契約期間	有期	
職場・業務	同じ（変更なし）	
職業経験・能力	—	一定水準を満たす
		⇩
契約期間・勤務時間	—	無期・フルタイムに変更
勤務地・職種変更	なし	あり
賃金	低	高

　ここまで紹介した3つの例が示していることを要約すると、コース別人事制度があって、一方は総合職、他方は一般職のような場合、あるいは一方は全国社員、他方は勤務地限定であるといったような場合、それぞれの職業経験・能力に違いがあるのであれば、待遇差は問題にならないということです。

● 〈問題とならない例④〉
　職業経験・能力は同じだが勤務可能時間・勤務日数が違う

> 　D社においては、同じ職業経験・能力の無期雇用フルタイム労働者であるXとパートタイム労働者であるYがいるが、就業時間について、その時間帯や土日祝日か否かなどの違いにより、XとYに共通に適用される基準を設定し、時給（基本給）に差を設けている。

　次に、問題とならない例の4番目です。Xさんは無期のフルタイム

労働者、Yさんはパートタイム労働者です。両方とも職業経験・能力は同じですが、勤務可能時間・勤務日数に違いがあります。

この場合、基本給・時給に共通の基準を設定し、時給の差を設けることは問題とならないとされています。これは勤務可能時間に違いがあるので、その違いに応じた差を設けることは問題ないということです。

問題とならない例④　職業経験・能力は同じだが勤務可能時間・勤務日数が違う

	Xさん	Yさん
契約期間・勤務時間	無期・フルタイム	パートタイム
職業経験・能力	同じ	
勤務可能時間・日	違いがある	
基本給（時給）	共通の基準を設定し時給差を設ける	

● 〈問題となる例〉
　多くの職業経験を有するが、現在の業務には関係がない場合

> 基本給について労働者の職業経験・能力に応じて支給しているE社において、無期雇用フルタイム労働者であるXが有期雇用労働者であるYに比べて多くの職業経験を有することを理由として、Xに対して、Yよりも多額の支給をしているが、Xのこれまでの職業経験はXの現在の業務に関連性を持たない。

次は問題となる例で、これはとても重要な事例です。Xさんは無期雇用のフルタイム勤務で多くの職業経験を有する人です。一方のYさんは有期雇用で、Xさんほどの経験はありません。このような場合、一般的にXさんはYさんより給料が高くなるとは容認されています。

しかし、この例に従えば、Xさんの現在の業務がこれまでの職業経験・能力と関連がない場合、XさんがYさんより給料が高いことは問題となる、同一労働同一賃金の原則から外れるということです。

この例は、労働者の職業経験・能力に応じて賃金を支給しようとする場合の重要な論点になります。

一般的な職能給や能力給の考え方では、無期雇用の社員が一旦獲得した職業経験・能力は、業務内容が変更されても属人的な特性として失われることがなく、既得権のように従前の賃金が支給されるべきとされることが多かったと思います。

ですので、この例のように、Ｘさんの給料が高くＹさんの給料が低いことは当たり前のことでした。

しかし、このガイドライン案では、従前の職業経験・能力を活用できない業務内容の場合、職業経験が限られている有期契約の社員とのバランスを考慮すべきであるとしています。仮にこの２人がほとんど同じ仕事をしていたとすると、Ｘさんの給料が無条件にＹさんより高いというのは問題があるとしています。

例えば、営業職あるいはＩＴ開発という仕事で多くの経験があり給料の高い人が、現在の職務は不適格と会社に判断され、パートタイム労働者と同じ比較的軽微な仕事を指示されたとします。

パートタイム労働者側からすれば、その人は自分たちと同じ仕事をしており、もともとハイレベルな営業の仕事やＩＴの仕事をやっていたとしても現在の仕事には無関係であり、過去の経験から給料が高いと説明されても納得できず、それには問題があるということです。

この例を突き詰めて考えていくと、パートタイム労働者の給料を上げるか、この人の給料を下げるかのどちらかになります。

Ｘさんがこの仕事に就いたことでパートタイム労働者の給料が大幅に上がるのであればパートタイム労働者は大喜びでしょうが、会社側からすれば仕事の価値に見合わない賃金を支払うことになってしまいます。

ということは、この人の給料を下げるしかなく、役割等級や職務等級を導入し、等級を降格させることで処遇を引き下げる仕組みなどが必要になる可能性が出てきます。そうしなければ、同一労働同一賃金の紛争の種になる可能性があるからです。

ただし処遇を下げるとなると、これはこれでまた別の問題（既得権の侵害、不利益変更）を引き起こす可能性があります。前述の4事例が、格差を問題ないとしていたことに比べると、かなり厳しい解釈であるという印象です。

問題となる例　多くの職業経験を有するが、現在の業務には関係がない場合

	Xさん	Yさん
契約期間・勤務時間	無期・フルタイム	有期
職業経験・能力	豊富	少ない
職業経験・能力と現在の業務と関連	ない	―
賃金	高い	低い

⑶ 基本給を業績・成果に応じて支給する場合

次に、基本給を「業績・成果」に応じて支給しようとする場合について説明します。ガイドライン案は、「基本給について、労働者の業績・成果に応じて支給しようとする場合、無期雇用フルタイム労働者と同一の業績・成果を出している有期雇用労働者又はパートタイム労働者には、業績・成果に応じた部分につき、同一の支給をしなければならない。また、業績・成果に一定の違いがある場合においては、その相違に応じた支給をしなければならない」としています。

これは前述の「職業経験・能力に応じて支給しようとする場合」と同様に均等待遇と均衡待遇についての説明です。全く同じ論法となっています。

代表的な制度・手法として、例えば、売上や出来高などの業績・成果指標による評価（目標管理）を行い、その評価結果を基本給に連動させる方法が挙げられます。業績・成果に応じた賃金決定は、成果主義人事制度、業績評価、役割給など、様々な形で多くの会社で実施されています。

具体的に賃金表の形式の一例を挙げれば、段階号俸表があります。Ｓ・Ａ・Ｂ・Ｃ・Ｄなどの５段階評価を行い、Ａであれば５号昇給、Ｂであれば４号昇給、Ｃであれば３号昇給、などという評価による昇給額の差を毎年累積させるような仕組みです。

また、その５段階などの評価を行い、毎年、評価結果によって基本給額がアップダウンをするという洗い替え方式もこれに該当します。

私どもがお勧めしているゾーン型の賃金体系やランク型の賃金表も、Ｓ・Ａ・Ｂ・Ｃ・Ｄなどの評価に対応する金額ゾーンを設け、評価に対応した金額に段階的に接近させるという方法をとっています（103ペー

ジ参照)。

このような方式はすべて、基本給を「業績・成果」に応じて支給しようとする場合に該当することになると考えられます。

では、どんな例が問題とならず、どんな例が問題となるのか、みていきましょう。

● 〈問題とならない例①〉
労働時間が半分の場合、半分の目標達成時に半分の支給

> 基本給の一部について労働者の業績・成果に応じて支給しているＡ社において、フルタイム労働者の半分の勤務時間のパートタイム労働者であるＸに対し、無期雇用フルタイム労働者に設定されている販売目標の半分の数値に達した場合には、無期雇用フルタイム労働者が販売目標を達成した場合の半分を支給している。

Ｘというパートタイム労働者が無期雇用・フルタイム労働者の半分の労働時間で仕事をしています。Ｘさんは労働時間が半分ですから、販売目標も半分にし、その目標を達成すれば、無期雇用・フルタイム労働者の半分の額を支給、あるいは半分の額を昇給する制度の場合、特に問題はありません。労働時間が半分なのだから、目標も昇給も給料も半分ということです。

問題とならない例①　労働時間が半分の場合、半分の目標達成時に半分の支給

	Ｘさん
勤務時間	パートタイム （無期・フルタイムの半分）
販売目標	無期・フルタイムの半分
成果に応じた賃金	目標達成時に無期・フルタイムの半分支給

3．同一労働同一賃金ガイドライン案の解説

● 〈問題とならない例②〉 責任・ペナルティの有無による賃金の違い

> B社においては、無期雇用フルタイム労働者であるXは、パートタイム労働者であるYと同様の仕事に従事しているが、Xは生産効率や品質の目標値に対する責任を負っており、目標が未達の場合、処遇上のペナルティを課されている。一方、Yは、生産効率や品質の目標値の達成の責任を負っておらず、生産効率が低かったり、品質の目標値が未達の場合にも、処遇上のペナルティを課されていない。B社はXに対しYに比べ、ペナルティを課していることとのバランスに応じた高額の基本給を支給している。

問題とならない例の2番目です。Xさんは無期雇用・フルタイム労働者です。Yさんはパートタイム労働者です。Xさんには生産効率や品質目標に対する責任・ペナルティが課されている一方、Yさんにはそういった責任・ペナルティはありません。そして、無期雇用・フルタイム労働者のXさんの基本給は高く、パートタイム労働者のYさんの給料は低い状態です。このような場合の格差は問題となりません。一方は責任・ペナルティがあるハイリスク・ハイリターン、他方はそういう責任が問われないのでローリスク・ローリターン、それぞれ理にかなっており、均衡待遇の考え方にもあてはまります。もちろん、差のつけ方の程度にもよりますが、考え方としては問題ありません。

問題とならない例②　責任・ペナルティの有無による賃金の違い

	Xさん	Yさん
契約期間・勤務時間	無期・フルタイム	パートタイム
生産効率や品質目標に対する責任・ペナルティ	あり	なし
基本給	高い	低い

第2章　いよいよ実務的な検討段階に入る同一労働同一賃金とその課題

●〈問題となる例〉労働時間が短いのに同様の成果を求める場合

> 基本給の一部について労働者の業績・成果に応じて支給しているＣ社において、無期雇用フルタイム労働者が販売目標を達成した場合に行っている支給を、パートタイム労働者であるＸが無期雇用フルタイム労働者の販売目標に届かない場合には行っていない。

　Ｘさんはパートタイム労働者ですが、無期雇用・フルタイム労働者と同じ販売目標が与えられています。前記の例では労働時間が半分の場合は目標も半分でした。この例ではパートタイム労働者であるにもかかわらず、フルタイム労働者と同じ目標が与えられており、目標未達成時には一切支給しないとなっています。

　しかし、こうした方法には問題があるとされています。

　勤務時間の短いＸさんはフルタイム労働者と同じ目標を達成することは困難であることが容易に想像できます。フルタイム労働者と同じ目標を達成できないときは支給しないのではなくて、フルタイム労働者とパートタイム労働者の違いに応じた支給をする必要があります。

　前の例では、違いに応じた支給をしていましたが、この例は違いに応じた支給をしていないため問題となります。

問題となる例　労働時間が短いのに同様の成果を求める場合

	Ｘさん
勤務時間	パートタイム
販売目標	無期・フルタイムと同じ
成果に応じた賃金	目標未達成時には支給しない

⑷ 基本給を勤続年数に応じて支給する場合

次に基本給を勤続年数に応じて支給しようとする場合です。ガイドライン案では、次のように述べています。「基本給について、労働者の勤続年数に応じて支給しようとする場合、無期雇用フルタイム労働者と同一の勤続年数である有期雇用労働者又はパートタイム労働者には、勤続年数に応じた部分につき、同一の支給をしなければならない。また、勤続年数に一定の違いがある場合においては、その相違に応じた支給をしなければならない」。

これは前述の「職業経験・能力」「業績・成果」に応じた支給と全く同じ論法となっています。前段が均等待遇、後段が均衡待遇について言及しています。

● 〈問題とならない例〉勤続年数を通算して有期雇用労働者の賃金を決定

> 基本給について労働者の勤続年数に応じて支給しているA社において、有期雇用労働者であるXに対し、勤続年数について当初の雇用契約開始時から通算して勤続年数を評価した上で支給している。

有期契約社員のXさんに対し、勤続年数に応じた基本給を支給するとき、契約当初から通算して契約期間をカウントし、あなたは5年目です、あなたは6年目です、と決めていれば、問題となりません。

問題とならない例　勤続年数を通算して有期雇用労働者の賃金を決定

	Xさん
契約期間	有期
勤続年数に応じた基本給	契約当初から通算し計算

第2章　いよいよ実務的な検討段階に入る同一労働同一賃金とその課題

● 〈問題となる例〉勤続年数を通算せずに基本給を決定

> 基本給について労働者の勤続年数に応じて支給しているB社において、有期雇用労働者であるXに対し、勤続年数について当初の雇用契約開始時から通算せず、その時点の雇用契約の期間のみの評価により支給している。

　1つ前の例と異なり、有期契約社員のXさんの契約期間を通算せず、その都度の雇用契約のみで計算している場合、1年契約を繰り返してきたXさんは常に勤続ゼロ年にリセットされ、勤続5年目、6年目などの昇給はありません。このような方法は問題となるとされています。

問題となる例　勤続年数を通算せずに基本給を決定

	Xさん
契約期間	有期
勤続年数に応じた基本給	通算せず、その時点の雇用契約のみで計算

● 年齢に応じた賃金（年齢給）も均等・均衡待遇の対象となるか

　ガイドライン案では言及されていませんが、この考え方を広げていくと、似たような考え方の年齢給についても均等・均衡待遇の対象となると考えるべきでしょう。勤続年が対象なのですから、勤続とともに増えていく年齢も、仕事の習熟・経験を反映した賃金の対象とするのが道理ではないでしょうか。

　勤続年数や年齢に応じた賃金を正社員にのみ支給している企業は、均衡待遇違反となる可能性も出てきたわけです。

　いわゆる職能給の教科書的な体系では、年齢給と勤続給と職能給と役付手当という形で賃金体系をつくりますが、正社員に年齢給、勤続給があり、パートタイム労働者にはそうしたものが一切なく、時給相

3. 同一労働同一賃金ガイドライン案の解説

場だけで決めている場合は、問題になる可能性があります。

　こういったこと一つひとつが、非正規の人たちの処遇を上げていくように作用するわけです。

　そもそも、このガイドライン案は正社員と非正規社員の格差を解消し、非正規社員の給料を引き上げようということが目的であり、そのために一つひとつくさびを打っていると言えます。

⑸ 勤続による職業能力向上に応じて行う昇給

● 年齢・勤続年数に基づく定昇・自動昇給の留意点

　ガイドライン案は「昇給」についても触れています。「昇給について、勤続による職業能力の向上に応じて行おうとする場合」の論法もここまでご紹介した論法と全く同じです。「無期雇用フルタイム労働者と同様に勤続により職業能力が向上した有期雇用労働者又はパートタイム労働者に、勤続による職業能力の向上に応じた部分につき、同一の昇給を行わなければならない。また、勤続による職業能力の向上に一定の違いがある場合においては、その相違に応じた昇給を行わなければならない」とされています。

　「昇給について、勤続による職業能力の向上に応じて行おうとする場合」とは、勤続を重ねる都度実施される定期的あるいは自動的な昇給などが当てはまります。評価によらず、一律に誰でも自動的に昇給・昇格できる部分は特にそれが当てはまります。

　前述したS・A・B・C・Dのような業績・成果の評価に応じて昇給を決めるという段階号俸表のシステムでも、多くの会社で、Cでも2号上がったり、最低のDでも1号上がるなど、昇給の最低保証部分を設けている制度も多いのではないでしょうか。

　このように一律に誰でも昇給できる部分が、ここでいう勤続による職業能力向上に応じて行う昇給にあたるとみなされるわけです。

　結局、勤続年数に応じた基本給（勤続給）を支給していなくても、前述した労働者の職業経験・能力に応じて支給しようとする基本給、あるいは労働者の業績・成果に応じて支給しようとする基本給を採用している会社で、職業経験・能力または業績成果の評価が低くても、最低限の基本給の昇給をさせている場合、少なくとも最低評価に対応

3．同一労働同一賃金ガイドライン案の解説

した昇給部分が勤続による職業能力の向上に応じた基本給とみなされる可能性があります。

　今後は、非正規社員にも同様の勤続による最低保障部分の基本給の昇給を行わなければならないと解されるのではないでしょうか。

(6) 賞与を会社の業績等への貢献に応じて支給する場合

　賞与についても、ほぼ同様の論旨展開になっています。「会社の業績等への貢献に応じて支給しようとする場合、無期雇用フルタイム労働者と同一の貢献である有期労働者又はパートタイム労働者には、貢献に応じた部分につき、同一の支給をしなければならない。また、貢献に一定の違いがある場合においては、その相違に応じた支給をしなければならない」とされています。

　正社員には年間2か月分～5か月分という賞与を支給する一方で、非正規社員には賞与を支給しなかったり、支給しても正社員に比べると少額に抑えられている企業が現状は大多数です。

　賞与についても均等待遇・均衡待遇が法制化されると、その影響は非常に大きいものがあります。

● 〈問題とならない例①〉
　会社業績への貢献が同一で業績貢献に応じた賞与も同一

> 　賞与について、会社の業績等への貢献に応じた支給をしているA社において、無期雇用フルタイム労働者であるXと同一の会社業績への貢献がある有期雇用労働者であるYに対して、Xと同一の支給をしている。

　問題とならない例が2つ挙げられています。Xさんは無期雇用のフルタイム労働者、Yさんは有期雇用労働者です。会社業績への貢献は全く同じで、業績貢献に応じた賞与も同一の支給をしていれば、それは全く問題となりません。これは当然のことと言えます。

3. 同一労働同一賃金ガイドライン案の解説

問題とならない例①　会社業績への貢献が同一で業績貢献に応じた賞与も同一

	Xさん	Yさん
契約期間・勤務時間	無期・フルタイム	有期
会社業績への貢献	同一	
業績貢献に応じた賞与	同一	

● 〈問題とならない例②〉責任・ペナルティを課していない見合いの範囲内で賞与を支給していない場合

　B社においては、無期雇用フルタイム労働者であるXは、生産効率や品質の目標値に対する責任を負っており、目標が未達の場合、処遇上のペナルティを課されている。一方、無期雇用フルタイム労働者であるYや、有期雇用労働者であるZは、生産効率や品質の目標値の達成の責任を負っておらず、生産効率が低かったり、品質の目標値が未達の場合にも、処遇上のペナルティを課されていない。B社はXに対して賞与を支給しているが、YやZに対しては、ペナルティを課していないこととの見合いの範囲内で、支給していない。

　2例目は、XさんとYさんは無期雇用のフルタイム労働者、Zさんは有期雇用労働者であり、Xさんは生産効率や品質目標に対する責任・ペナルティがあります。もし低い評価になった場合、Xさんは何かしらのペナルティを受けますが、無期雇用・フルタイム労働者のYさん、有期雇用のZさんにはそういうペナルティがありません。こうした場合に、Xさんにだけ責任・ペナルティに対応する賞与を払い、YさんとZさんにはペナルティを課していない見合いの範囲内で賞与を支給していません。

この「見合いの範囲内で」という表現はガイドライン案独特の言い方ですが、相違がある場合においては、その相違に応じた支給をしなければならない。これを「見合い」という言葉で表現しています。見合いの範囲内で支給していれば問題ないのですが、見合いの範囲を超えていれば問題になるということです。

問題とならない例②　責任・ペナルティを課していない見合いの範囲内で賞与を支給していない場合

	Xさん	Yさん	Zさん
契約期間・勤務時間	無期・フルタイム	無期・フルタイム	有期
生産効率や品質目標に対する責任・ペナルティ	あり	なし	なし
賞与	支給	ペナルティを課していない見合いの範囲内で支給していない	

● 〈問題となる例①〉業績貢献が同じだがそれに応じた賞与は異なる

> 賞与について、会社の業績等への貢献に応じた支給をしているC社において、無期雇用フルタイム労働者であるXと同一の会社業績への貢献がある有期雇用労働者であるYに対して、Xと同一の支給をしていない。

問題となる例が2つ示されています。1つ目ですが、Xさんは無期雇用のフルタイム労働者、Yさんは有期雇用労働者です。2人とも会社業績への貢献は同じですが、業績貢献に応じた同一の賞与を支給していません。支給に差があるのは、おそらくXさんが正社員でYさんが非正規労働者だからという身分差に近い理由からでしょう。これは問題があるとされています。

問題となる例① 業績貢献が同じだがそれに応じた賞与は異なる

	Xさん	Yさん
契約期間・勤務時間	無期・フルタイム	有期
会社業績への貢献	同一	
業績貢献に応じた賞与	異なる	

● 〈問題となる例②〉無期雇用労働者には職務や貢献にかかわらず賞与を支給するのに有期雇用労働者又はパートタイム労働者には支給しない

> 賞与について、D社においては、無期雇用フルタイム労働者には職務内容や貢献等にかかわらず全員に支給しているが、有期雇用労働者又はパートタイム労働者には支給していない。

　問題となる例②は、無期雇用・フルタイム労働者に、職務内容や貢献等の基準にかかわらず賞与を支給しています。

　例えば、正社員には全員1か月分の賞与を無条件で出しているが、有期雇用労働者やパートタイム労働者には賞与がなかったり、あるいは寸志だけというケースでしょう。

　これは業績・成果の貢献に応じて支給しようとする場合には該当しませんが、正社員には支払っているものをなぜ有期雇用労働者やパートタイム労働者に支払わないのかということです。この点は非常に重要です。

　正社員にはほぼ無条件に支給している賞与を、有期雇用労働者やパートタイム労働者には雇用形態の違いを理由に支給しないことは、均等待遇違反、均衡待遇違反となるということです。

　この例が象徴するように、今後は「あなたはパートだから」、「あな

たは有期契約だから」ということは、賞与を支給しない理由にはならなくなります。繰り返しになりますが、身分制のような賃金・処遇の考え方は、これを機に払拭していかなければならないのです。

問題となる例②　無期雇用労働者には職務や貢献に係らず賞与を支給するのに有期雇用労働者又はパートタイム労働者には支給しない

契約期間・勤務時間	無期・フルタイム	有期またはパートタイム
賞与	職務内容や貢献度等の基準にかかわらず支給	支給していない

(7) 役職の内容・責任の程度に対して支給する役職手当

次に、役職手当について説明します。「役職手当については、役職の内容、責任の範囲・程度に対して支給しようとする場合」とあり、そのあとの表現は基本給と同じです。正社員と非正規社員に対して同一の支給をしなければならない。もし役職の内容、責任に一定の違いがある場合には、その相違に応じた支給をしなければならないということです。

● 〈問題とならない例①〉 役職の内容・責任が同一で役職手当が同一

> 役職手当について役職の内容、責任の範囲・程度に対して支給しているA社において、無期雇用フルタイム労働者であるXと同一の役職名（例：店長）で役職の内容・責任も同一である役職に就く有期雇用労働者であるYに、同一の役職手当を支給している。

問題とならない例①は、Xさんは無期雇用のフルタイム労働者、Yさんは有期雇用労働者ですが、両者とも店長であり、役職の内容、責任は同じ、役職手当も同額です。これは問題ありません。同一労働同一賃金を実践しています。

問題とならない例①　役職の内容・責任が同一で役職手当が同一

	Xさん	Yさん
契約期間・勤務時間	無期・フルタイム	有期
役職名	店長	
役職の内容・責任	同一	
役職手当	同一	

●〈問題とならない例②〉パートタイム労働者の店長に時間比例の役職手当を払う

> 役職手当について役職の内容、責任の範囲・程度に対して支給しているB社において、無期雇用フルタイム労働者であるXと同一の役職名（例：店長）で役職の内容・責任も同じ（例：営業時間中の店舗の適切な運営）である役職に就く有期雇用パートタイム労働者であるYに、時間比例の役職手当（例えば、労働時間がフルタイム労働者の半分のパートタイム労働者には、フルタイム労働者の半分の役職手当）を支給している。

 問題とならない例の2番目です。Xさんは無期雇用のフルタイム労働者、Yさんは有期雇用のパートタイム労働者で両者とも店長であり、役職の内容、責任は同一です。ただし、Yさんはパートタイム労働者なので、役職手当は時間比例で支給されています。

 例えば、無期雇用・フルタイム労働者が8時間分の役職手当をもらっていて、4時間労働のパートタイム労働者には4時間分の役職手当を支払う、これは問題ありません。

問題とならない例②　パートタイム労働者の店長に時間比例の役職手当を支払う

	Xさん	Yさん
契約期間・勤務時間	無期・フルタイム	有期・パート
役職名	店長	
役職の内容・責任	同一	
役職手当	時間比例の役職手当	

3. 同一労働同一賃金ガイドライン案の解説

● 〈問題となる例〉役職の内容・責任は同一だが有期の役職手当が低い

> 役職手当について役職の内容、責任の範囲・程度に対して支給しているC社において、無期雇用フルタイム労働者であるXと同一の役職名（例：店長）で役職の内容・責任も同一である役職に就く有期雇用労働者であるYに、Xに比べて低額の役職手当を支給している。

次は問題となる例です。Xさんは無期雇用でフルタイムの正社員、Yさんは有期雇用であり、両者とも店長です。役職の内容・責任は同じですが、Xさんの役職手当はおそらく無期雇用フルタイムだからという理由で高く、Yさんは有期雇用だからという理由で低い。これが問題となることは、これまでの内容を読まれていればわかると思います。

この事例のように、有期雇用労働者を主任や店長等に登用してきた会社は少なくないと考えられます。その有期契約の店長にも、前述したような均等・均衡を考慮した支給をしなければならないということです。役職手当は、通勤手当に次いで支給率の高い手当であり、今後は、その支給方法に十分注意する必要があります。

問題となる例　役職の内容・責任は同一だが有期の役職手当が低い

	Xさん	Yさん
契約期間・勤務時間	無期・フルタイム	有期
役職名	店長	
役職の内容・責任	同一	
役職手当	高い	低い

⑻ 再雇用など定年後の継続雇用者の均衡処遇の考え方

　ところで、ガイドライン案の「注」を見ると、定年後の継続雇用の有期雇用について大事なことが示されています。定年後の継続雇用の有期雇用とは、定年後、一旦退職してもらった後、嘱託あるいは契約社員など名称を変えて1年ごとの再雇用契約、あるいは5年間の有期契約といった契約を行うものです。この場合、一度、定年前までの労働条件をリセットして、定年後の継続雇用の労働条件を決めるわけですが、その決め方に注意しなくてはいけません。

　正社員と定年後の有期雇用の継続雇用者との間においても、均等・均衡待遇の考え方は適用されます。

　ガイドライン案の「注」には「無期雇用フルタイム労働者と定年後の継続雇用の有期雇用労働者の間の賃金差については、実際に両者の間に職務内容、職務内容・配置の変更範囲、その他の事情の違いがある場合は、その違いに応じた賃金差は許容される」と記載されています。

　これは、均衡待遇について定めた労働契約法第20条の文言そのものです。継続雇用・嘱託という雇用区分について正社員との賃金差を設ける場合は、「職務内容」、「職務内容・配置の変更範囲」、「その他の事情」を考慮して、その賃金差は不合理であってはならないという均衡待遇の原則を確認しているわけです。

　なお、定年後継続雇用において、退職一時金、企業年金、公的年金の支給を受ける、あるいは定年後の継続雇用において給与の減額に対応し、高年齢雇用継続基本給付金を受けることを勘案して賃金を低くすることが許容されるか否かについては、今後の法改正の検討過程を含めて検討を行う、という問題提起にとどまりました。

　均等待遇という点から考えれば、継続雇用者の仕事が定年前と同じ

場合、同じ給料を支払わなければならないということになりますし、均衡待遇という点で考えれば、仕事を少し軽減し、定年前の8割の賃金を支払うという決め方もあり得ます。

ところが現実には、定年後の人たちは退職金ももらっているし、高年齢雇用継続基本給付金も支給されるのだから、同じ仕事をしていても給料は7割にしたり、仕事の変化の範囲から言えば8割だけれども、給付金が支給されているから6割まで下げるという運用も行われています。

このような運用が許されるかどうかということについて、ガイドライン案はこれからの検討事項としています。そのため、この継続雇用者の賃金問題については、まだ結論が出ていません。

ただし、退職金制度は企業によって支給の格差が大きく、全く支給しないという企業も少なくありません。また、公的給付も働く人の賃金の個別事情によって複雑な支給制限を受けます。

したがって、私たちは退職金の支給や公的給付の支給を理由として、労働の対価としての賃金を下げることは、あまり良いことではないと考えます。しかし、社会的な慣習として認めて良いのではないかという結論になる可能性も否定できません。

この問題については、第1章で紹介した「長澤運輸事件」に対する最高裁での判決のゆくえが注目されます。

● **再雇用者の賃金決定で留意すべきこと**

長澤運輸事件では、定年後も仕事が同じ場合、賃金水準はどうあるべきかが問われ、最高裁で争われることになりました。

ガイドライン案の「注」では、定年前後の方の「均衡待遇」の原則を強調する一方で、退職金や高年齢雇用継続基本給付金の支給に伴う

定年後の賃金減額についても言及しています。「注」として言及しているように、方向性が定まっておらず、現状では、企業がどのように対応すれば良いか、判断が非常に難しい状況です。

　ただ、最近のいろいろな動向を踏まえると、次の３点は考慮したほうが良いのではないかと考えられます。

　１つ目は、定年後に与える業務内容の違いによって再雇用後の賃金を使い分けることです。つまり、業務内容が著しく違うのであれば、賃金を下げることは問題ないでしょう。

　しかし、業務内容にほとんど差がないとすれば、目立って下げることは問題があります。均等・均衡待遇の考え方を無視することまではしないということです。

　２つ目は、定年前と同じか類似の職種の場合は、賃金をあまり下げないということです。

　３つ目は、定年前より業務負荷が小さい場合でも、定年前の６〜７割以上とすることです。

⑼ その他の手当、福利厚生

その他の手当、福利厚生についても、ガイドライン案は個別に言及していますので参考をご参照ください。「危険度または作業環境に応じて支給される特殊作業手当」、「交替制勤務など勤務形態に応じて支給される特殊勤務手当」などが挙げられています。

● 割増率の支給で留意すべきこと

この中で、「時間外労働手当、深夜・休日労働手当」について述べられているのですが、ここで注意すべきことは、正社員と非正規社員の間の割増率を使い分けてはいけないという点です。

ガイドライン案は、「時間外労働手当：無期雇用フルタイム労働者の所定労働時間を超えて同一の時間外労働を行った有期雇用労働者又はパートタイム労働者には、無期雇用フルタイム労働者の所定労働時間を超えた時間につき、同一の割増率等で支払をしなければならない」、「深夜・休日労働手当：無期雇用フルタイム労働者と同一の深夜・休日労働を行った有期雇用労働者又はパートタイム労働者には、同一の割増率等で支給しなければならない」としています。

例えば、正社員の就業時間が7時間の会社で、正社員に対して7時間以降は125％を支払う一方で、パートタイム労働者には8時間に達するまでは賃金の100％を支払い、8時間を超えたら初めて125％にするという法律どおりの運用をしている会社があります。これまではそれで問題になることはありませんでしたが、正社員に対して7時間以降は125％を支払っているのであれば、パートタイム労働者にも7時間以降125％の割増率を求められる可能性がありますので注意が必要です。

> **参考　ガイドライン案は次の手当・福利厚生についても言及している**
>
> |手当|
> - 業務の危険度または作業環境に応じて支給される特殊作業手当
> - 交替制勤務など勤務形態に応じて支給される特殊勤務手当
> - 精皆勤手当
> - 時間外労働手当、深夜、休日労働手当
> - 通勤手当、出張旅費
> - 勤務時間内に食事時間が挟まれている労働者に対する食費の負担補助として支給している食事手当
> - 単身赴任手当
> - 特定の地域で働く労働者に対する補償として支給する地域手当
>
> |福利厚生|
> - 福利厚生施設（食堂、休憩室、更衣室）
> - 転勤者用社宅
> - 慶弔休暇、健康診断に伴う勤務免除、有給保障
> - 病気休職
> - 法定外年休、休暇（慶弔休暇を除く）について、勤務期間に応じて認めている場合
>
> 　　　　　詳細についてはガイドライン案（P.119に掲載）を参照

第3章

正社員と非正規社員のバランスを説明できる賃金・評価制度の設計

第3章　正社員と非正規社員のバランスを説明できる賃金・評価制度の設計

1．ガイドライン案等から見えるこれからの賃金・評価制度

● 有期雇用を雇用の調整弁としては使えなくなる

　今後は、正社員と非正規社員の間のバランスを考慮し、社員に説明可能な賃金・評価制度に転換することが求められます。そこで、具体的なプランやモデルを示す前に、まず、論点の整理をしましょう。

　ガイドライン案などから見えるこれからの賃金・評価制度とは、どのようなものでしょうか。

　人手不足や5年無期転換制度、長時間労働問題など、これからしばらく人事労務を取り巻く環境は大きく変化し続け、企業は難しい判断を迫られます。

　これまでは正社員と非正規社員を別々に管理してきた企業が多かったはずです。非正規社員は「有期契約・低賃金」を前提とした一種の雇用の調整弁と考え、社会もそれをある程度許容してきました。しかし、これからは有期契約からの無期化が進んでいきます。

　同一労働同一賃金が浸透し、非正規社員の処遇の改善が避けられないようになれば、調整弁としての機能は徐々に低下していくはずです。また、労働紛争になったときには、今以上に説明が求められるため、無期と有期別々の雇用・賃金管理では処遇差が説明しにくくなります。均等・均衡待遇が実現できているかがわかりにくい仕組みでは、会社側が非常に不利な立場に立たされる可能性があります。

1. ガイドライン案等から見えるこれからの賃金・評価制度

● **これからの時代の賃金制度の４つのポイント**

　これからの賃金制度のポイントは、大きく４つに要約されます。

　１つ目は、正社員・非正規社員ともに、その仕組みが統一的にわかるようにすることです。正社員と非正規社員が別々の仕組みでも法律上問題ないのですが、別々の仕組みでは管理が煩雑になり、賃金の差も説明しにくいはずです。社員のモチベーションを高めるためには、自らの処遇がどう行われているのか、腹の底で納得し腑に落ちることが大事ですので、全体的かつ統一的に理解できるシステムに整えることが１つのポイントになります。

　２つ目は、均等・均衡待遇について合理的に説明できるようにすることです。ガイドライン案にあるように、同じ仕事ならば同じ処遇を、違いがあるなら、その相違に応じた処遇をしているということが合理的に説明できるものでなければなりません。

　３つ目に、正社員・非正規社員を合わせて人件費総額をコントロールできる賃金制度にすることです。無期契約社員がこれから増えるということは、契約社員の持つ雇用の弾力性、雇用の調整弁としての機能が失われていくということですから、人件費のうち変動費化できるものはできるだけ変動費化しておいたほうが良いということになります。

　特に賞与の位置づけが重要です。正社員には、例えば月給の一定月数分の賞与を固定的に保証して支給してきた企業が、そのまま非正規社員に同じ方法を適用できるでしょうか。この際、正社員を含めて、企業の収益状況、業績に応じて賞与を弾力的に調整できるような仕組みを確立する必要があります。

　４つ目は採用競争力、定着力のある魅力的な人事・賃金・人材育成の制度づくりです。人口減少社会のもとで構造的な人手不足が顕在化し、今や人材の獲得・定着は企業競争力を大きく左右する経営の重要

第3章　正社員と非正規社員のバランスを説明できる賃金・評価制度の設計

課題となってきました。

　新卒採用では、企業の社会的使命や長期ビジョンと一体になった新しい働き方のスタイルを実践する企業が高く評価されています。また、ライフスタイルが多様化し、ワーク・ライフ・バランスに合った多様な働き方を柔軟に選択できる働きやすい雇用・人事制度を実現している企業の人気が高まっています。

　これからは若手人材やハイタレント人材を引きつけることのできる処遇の「見える化」が是非とも必要です。

2．均等・均衡待遇と人事制度の検討手順

● 職務内容と人材活用の仕組みを注視する

では、具体的にどういう仕組みづくりをしていけば良いのか、検討手順を紹介します。

まずは同一労働同一賃金の背後にある現行法の均等・均衡待遇の要点をおさらいしておきましょう。

均等待遇というのは、「職務内容」および「人材活用の仕組み」が正社員と同じ場合、差別的な取扱いが禁止されるというもので、これはパートタイム労働法第9条の趣旨です。

職務内容というのは、「従事している仕事の内容」と「担っている責任の重さ」、この2つの総称でした。仕事の内容が見かけ上同じであっても、責任の重さが違うということはあり得ます。

ガイドライン案の「問題とならない例」、「問題となる例」では、ある問題が起きたときに、パート社員はその責任が問われない。正社員だけが一定の責任を問われるという例がありました。これは、担っている責任の重さに違いがあるということです。

次に、「人材活用の仕組み」の違いです。人材活用の仕組みとは、具体的には、転勤の範囲あるいは職場の配置変更の範囲、ジョブローテーションの範囲ということです。これらを「人材活用の仕組み」と総称しています。これらの違いがある場合は、違いに応じた待遇差は認められます。それが均衡待遇です。

第3章　正社員と非正規社員のバランスを説明できる賃金・評価制度の設計

● 「不合理であってはならない」とは

　正社員とパート社員の間で処遇に差をつける場合、「職務内容」および「人材活用の仕組み」、「その他の事情」を考慮して、不合理であってはならないとされています。

　第1章でも解説しましたが、この「不合理であってはならない」というのは、「合理的でなければならない」という言葉とは違います。「その他の事情を考慮して合理的でなければならない」とまでは言わず、不合理であってはならないという、緩やかな言い方をしているところがポイントです。

　どういうケースが許容範囲かということは一律的に説明しにくいため、ガイドライン案では参考として、問題とならない例、問題となる例を具体的に示しているわけです。

● 具体的に人事制度をつくる手順
　── 職務内容、賃金制度、人材活用の仕組み、その他の事情を考慮

　具体的に人事制度をつくる際、どういう検討手順になるでしょうか。
　まずは、「職務内容」の違いを意識して人事制度の骨格をつくることです。従事している仕事のレベル、責任の程度、職種、難易度、役割の違いの重さ、こうした要素を考慮して、それを反映できる人事制度の骨格をつくります。それも正社員、非正規社員共通の骨格をつくる方法がベストです。

　次に、具体的な賃金の決定の仕組みの中に、ガイドライン案が取り上げている職務の成果・能力・経験という要素に基づいて基本給の金額や昇給が客観的に説明できる「仕事基準の賃金制度」をつくっていくことです。そのための賃金表や昇給・昇格の基準、評価制度などのルールをつくっていきます。

2. 均等・均衡待遇と人事制度の検討手順

　その上で、「人材活用の仕組み」に違いがあれば、それを賃金水準や賃金の支給方法に反映できるように、バランスがとれる仕組みをその上につけ加えていきます。こうした手順で進めるとわかりやすいでしょう。

　ただし、この3つを一度に解決しようとすると混乱するおそれがあるため、「職務内容」、「仕事基準の賃金制度」、「人材活用の仕組み」の順番で考えてください。

　最後に「その他の事情」として考慮すべきものがあるかを検討します。「その他の事情」の中で、特に現在、問題になっているのが、定年後再雇用者の賃金減額の問題です。長澤運輸の裁判例にもあったように、定年を過ぎたら給料が下がるのは当たり前・一般的なことなのかということです。これが「その他の事情」として考慮すべきものか注目すべき論点になっています。この点については、最高裁でどのような結論が出るのか、注視しておく必要があります。

3．社員を区分する3通りの方法

　職務の内容、責任の程度を見ながら人事制度をつくっていく方法には3通りのアプローチがあります。

　賃金・評価制度の基本になる人事制度の骨格は、一般的に「等級制度」と呼ばれる社員の階層区分であり、そこには3通りの方法があります。

● 人基準の能力等級（職能資格制度）

　1つ目は、仕事の遂行能力レベルで区分する能力等級です。職能資格制度なども同じ分類であり、日本企業に独特の制度です。**図表2**のように働く人が仕事について成果を出し、最終的にはお客様に価値を提供するという普遍的な仕事の流れがありますが、能力等級というのは、どんな仕事かというよりも、どんな能力の持ち主が仕事をしているか、人に着目して賃金や基本給を決めていく考え方です。よく「属人給」という言い方をされますが、「人」基準の賃金ということです。

　同一労働同一賃金を議論するときには、職能資格制度をはじめとする能力等級は扱いにくい制度です。仕事というものは脇に置き、その人の仕事をする能力や、経験、年功などを評価していくという考え方だからです。

3. 社員を区分する3通りの方法

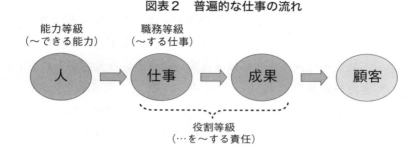

図表2　普遍的な仕事の流れ

● 職務中心の職務給制度

　2つ目の社員区分の方法は、欧米で行われている職務等級です。これは担当業務の大きさや難易度で等級を細かく区分する方法で、どんな人が仕事をするかではなくて、どんな仕事をこの人がしているかという見方をします。

　年齢や性別、学歴などには関係なく、この仕事をしているなら、賃金は同じという考え方で、同一労働同一賃金は基本的にはこの考え方を採用しています。

　ただ、ガイドライン案では、同じ仕事をしているベテランのパート社員が、管理職のキャリアコースに乗っている若い正社員を教えている場合、その若い正社員のほうの給料が高くても許容されるという、一見すると矛盾する例がありました。この問題を理解するには、人材活用の仕組みが異なるという別の視点が必要です。

● 日本型職務給に近づける役割等級制度の登場

　3つ目の区分方法は、組織上の役割責任の段階で等級を区分する役割等級という考え方です。これは組織における仕事のポジションの中で、どういう役割を期待しているか、その役割はどのような成果を出す責

任があるかということを、役割責任・役割等級という考え方で大まかに区分する方法です。欧米型の職務等級では日本的な人事管理になじみにくいので、もう少し日本の組織風土で使いやすくするため、仕事の区分も賃金の範囲も大きめに考えていこうという発想から日本で進化してきた等級制度です。

　欧米でもブロードバンドといって、似たような仕組みがありますが、欧米のブロードバンドと日本の役割等級はほぼ同じものと考えて良いでしょう。

　この職務等級制度と役割等級制度が仕事基準の人事制度と呼ばれているもので、職務内容の違いに着目して人事制度をつくるというアプローチになります。欧米の外資系企業であれば当然、職務等級を採用するわけですが、日本の企業では職務等級をそのまま使おうとすると、水と油のようになじみにくい面があるので、役割等級が普及しつつあります。

4．職務給と職能給の長所を生かす
　役割基準人事制度の時代

● ポストに人を就ける職務給の合理性

　では職務等級はなぜ扱いにくいのでしょうか。まずは**図表3**をご覧ください。これは欧米企業などで典型的な、組織・職務基準で人材をマネジメントする場合のイメージ図です。例えば、ある会社のある事業部門に事業部長がいます。その下に部長が3人いて、課長が6人いて、リーダークラスがいて、一般スタッフがいます。こういう組織を経営計画と業績に基づいて機動的に編成し、人材の外部調達を含めてポストに人を配置していきます。

　まず初めに組織設計を行い、そのポストに誰を就かせるかを考えます。外部労働市場からの調達か、あるいは社内からの人材のアサイン（割り付け）か、両面でとにかく組織に人を配置するということを機動的に行います。

　つまり、初めに組織のポスト・椅子ありき、ということです。その椅子がどのような仕事でどのような責任があるのか、その責任を果たすためにどういう目標を与え、どういう評価基準を使うのかを決めていき、組織・職務基準の人事制度が出来上がります。ポストの定員や、評価基準、報酬が決まっているため、年功や能力があったとしてもポストが空いていないと昇進できません。また、ポストに就いても成果が上がらなければポストから外され、場合によってはポストそのものがなくなるという仕組みになっています。要するに経営目的を達成するための仕事・成果基準で処遇が決まるということです。

第3章　正社員と非正規社員のバランスを説明できる賃金・評価制度の設計

　例えば、一般スタッフのままでリーダーになれない、まして課長などにはとてもなれないと観念した人は、この会社では先がないなと思ったら外部労働市場にスピンアウトして、別の会社でリーダーになろうとしたり、別の会社で課長になろうとしたりします。このように労働者が流動化し、離転職を繰り返す。そういった流動的な労働市場が欧米にはあるということも背景にあります。

　この仕組みでは、職務の違いがすなわち給与の違いであって、それが総額人件費につながります。そのため、この組織を運営していくために総額人件費をこれだけ用意しよう、これだけの人件費を投資して、これだけ稼ごうという経営計画を練ります。非常に合理的、資本主義的な組織行動原理と言えます。

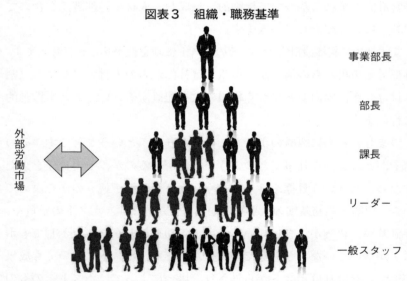

図表３　組織・職務基準

・経営計画と業績に基づいて組織を編成し、人材の外部調達も含めてポストに人を配置
・ポストの定員・評価基準・報酬が決まっており、年功・能力がアップしてもポストがないと昇進できない⇒仕事を求めて転職
・職務の違い⇒給与の違い⇒総額人件費管理

4. 職務給と職能給の長所を生かす役割基準人事制度の時代

● **職能資格制度の特徴と日本的な年功処遇**

　職務等級制度はきわめて合理的ですが、日本の場合、この人事制度を採用するよりは、どちらかというと**図表4**の仕組みを使うことが多いのです。これは、組織や職務と切り離して、人・能力基準の人事・評価制度を運用し、人の処遇や育成方針を先に決める方法です。

　会社の中で人を処遇し育成していくために、J-1、J-2、J-3、S-4、S-5、S-6、M-7、M-8、M-9というような資格制度をつくったり、主事や副参事、参事といった資格名称を使っている企業もあります。

　他にも、係長格、課長格、部長格など役職と対応づけた資格名称を使ったり、様々なパターンがあります。名称はともかく、資格制度とは、人の資格（処遇序列）をまず決めておき、その人をあるポジションに配置するという方法です。

　図の例では、係員の中からリーダーを選ぶときには、係長格まで昇格した人の中からリーダーを登用します。課長を選ぶ場合には、課長格にまで昇格した人から選んで、課長に登用します。このように、一般的には資格をまず先に与えます。

　ところが、資格が一旦決まると、それはその人の属人的なものになります。課長格になって課長に登用された人が、その後、課長ではなくなり、リーダーまで役職が下がったとしても、課長格という資格身分はそのまま温存され継続されます。

　日本企業がこのような組織・職務と切り離して年功・能力基準の人事・評価制度を運用し、「人」の処遇や報酬を決めていく方法をとる理由の1つとして、新卒一括採用で人材の内部育成、内部調達を進め、定年まで柔軟な人材活用を図るという考え方が根強いことが挙げられます。

第3章　正社員と非正規社員のバランスを説明できる賃金・評価制度の設計

　まずは会社のメンバーになってもらい、いろいろな仕事を経験させて、順々に資格を昇進していくことで待遇が上がっていきます。この方法は年功的な処遇で管理しやすく、役職が外れても賃金処遇は変わらないため、社員の方も安心です。身分が保証される中、様々な部署に安心して配属されていきます。

　この方法は終身雇用制度・長期雇用慣行と相性が良く、会社側から見れば社員を使いやすく、社員側から見れば安心感がある、お互いに歩み寄れる人事制度だったということです。

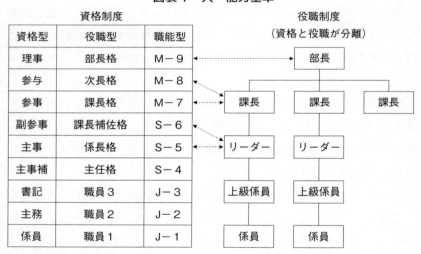

図表4　人・能力基準

- 組織・職務と切り離して年功・能力基準の人事・評価制度を運用し、「人」の処遇・報酬を決める
- 一定の有資格者から役職者を任命したり、役職に任命された者に資格を与えたりして、資格と役職にゆるやかな対応関係を持たせる（厳密な一対一の対応ではない）
- 新卒一括採用と人材の内部育成に合わせた柔軟な職務配置が可能（役職を外れても賃金処遇は変わらない）⇒長期雇用慣行にフィット
- 年功昇格⇒給与アップ⇒人件費の肥大化

4．職務給と職能給の長所を生かす役割基準人事制度の時代

● **職能資格制度の反省から生まれた役割等級制度**

　ただし、この職能資格制度は年功昇格になりやすく、給料が属人的に昇給するため人件費が肥大化しやすいという欠点があります。

　バブル崩壊前の安定成長期まではこの仕組みがとてもうまく機能していたのですが、バブルの際に人件費が急激に肥大化し、バブルが崩壊した途端、この仕組みが運用できなくなりました。そこで、欧米流の職務基準、仕事基準の人事制度を見習おうという考え方が出てきたわけです。

　その中から役割基準の人事制度という日本的な仕事基準の仕組みが生まれました。同一労働同一賃金の実現が時代的に要請されるようになった現在、役割基準の人事制度を日本企業は必要としており、それをいかに使いこなすかが、これからの人材マネジメントの非常に重要なポイントになると考えられます。

　では、この役割基準の人事制度の内容について具体的にご説明します。

5．役割責任を軸とした人事制度

● 正社員と非正規社員共通の等級制度

　本来、同一労働同一賃金（均等・均衡待遇）を実現するのに最も適した人事制度は、職務を中心とした等級・賃金制度（職務給）です。ヨーロッパで同一労働同一賃金が浸透している理由の1つは、職務給が広く社会に浸透しているからでしょう。

　しかし、前述のとおり職務給は担当業務の大きさを評価して等級を決め、その等級に紐づいて賃金が決まります。そのため、人事異動により担当業務が変化するたびに等級と報酬が変化する可能性があります。新卒を同じ学歴であれば同じ初任給で一括採用し、多様な職種に配置し、業務命令によるジョブローテーションを柔軟に行う日本では、職務給は非常に扱いにくく、導入している企業はごく少数です。

　そこで注目されているのが、役割を基準とした人事制度です。「役割」とは「業務遂行のために割り当てられた役目」のことで、その役割に求められる責任と併せて、「役割責任」と呼ばれることもあります。

　この「役割」や「役割責任」は、欧米の職務給に比べると担当業務と等級や賃金の結びつきは緩やかですが、それでも仕事及びそれに付随する責任を基準に等級や賃金を決める仕組みであることに変わりはありません。そのため、日本で同一労働同一賃金を導入するには、個人の能力に基づいて属人的な処遇を行う能力等級や能力給よりも、はるかに適していると考えて良いでしょう。

　人事制度を構築する際には、この役割基準の等級制度（役割等級制

度）から入ることを推奨します。これまでは正社員だけを意識した等級制度をつくることがほとんどでしたが、これからは役割を基準にすることによって非正規社員の等級も一緒につくることが容易になります**（図表５）**。

　この場合、はじめに正社員用の等級構造・等級定義をつくり、「正社員に比べると非正規社員はどの程度の役割責任なのか」という視点で位置づけを決めていく方法が便利です。

　図表５では、P等級はパート社員用、K等級は契約社員用、S等級は定年後再雇用者用を意味しており、正社員のⅠ等級とパート社員のP２等級、契約社員のK１等級、再雇用者のS１等級を同じ役割段階として表しています。

　この例では、正社員の最も低い等級よりも簡単な仕事・役割があると考えて、パート社員用のP１等級を正社員のⅠ等級の下につくっています。

　このように、役割を基準に正社員とそれ以外の多様な雇用区分を横断的にカバーできる等級制度をつくることで、正社員と非正規社員の役割責任の対応関係や違いが比較しやすくなり、処遇の対応関係や違いに関する説明もしやすくなります。

第3章　正社員と非正規社員のバランスを説明できる賃金・評価制度の設計

図表5　雇用形態と役割等級の区分

役割等級説明書（例）

等級					役割責任（代表職位）	雇用区分		
		V		管理階層	**部門経営責任職（部長）** ○会社・グループの中枢機能の責任者として経営首脳の意思決定を補佐する。 ○グループの全体最適の視点を踏まえて担当部門の経営方針・事業計画を立案し、効率的な実行体制を整備して中長期的な業績と成長性を確保する。	正社員		
		Ⅳ			**業務管理責任職（課長）** ○担当業務の責任者として上司を補佐しながら、新たな顧客価値を創造するために最適な組織目標を設定・実行する。 ○関係各署とも連携しながら、対話とチーム学習を通して組織的な対応力を高める。 ○仕事を組織化し、部下・チームに最適な役割・目標を与えて動機づけしながら、必要な制度環境を整備して期間業績を確保する。			
	K3	Ⅲ	S3	実務階層	**業務推進指導職／熟練・技術指導職（主任）** ○複数の定常的な業務を含む計画的・応用的な業務を担当する。 ○幅広い裁量や創意工夫、企画提案により、顧客の期待に応え、業績に貢献する独自の成果を出す。 ○所属部門の任務を明確に理解し、上司をサポートしながら、効果的な目標を設定し、同僚や後輩に対し自ら模範となって実行を指導する。 ○主体的に新しい技術やノウハウ、他部署との連携を試みながら自分や組織の能力水準を高めていく。	契約社員	再雇用社員（正社員から）	
	K2	Ⅱ	S2		**担当職（担当）** ○応用動作をともなう比較的定型的な業務を担当する。 ○自分の担当範囲に責任を持ち、様々な応用動作を用いて自分の判断で主体的に処理しながら、顧客や組織の期待に応える成果を出す。 ○自分の専門領域については新しい技術やノウハウにチャレンジしながら、後輩を指導・育成する。 ○直接担当する業務以外でも積極的に改善策を提案し、他のメンバーと協力して所属部署の生産性の向上に積極的に貢献する。 ○組織の基本的なルールを理解し、仕事の目的に照らして自分で判断すべきことと上司や先輩に判断を仰ぐべきことを使い分ける。			
P2	K1	Ⅰ	S1		**一般職（一般）** ○比較的短い期間で習得できる定型業務を担当する。 ○業務マニュアルや経験者の指示・指導にしたがい、仲間と協力して与えられた任務を忠実に実行し、スピーディに正しい成果を出す。 ○顧客の要望や職場の問題点を的確に上司に報告し、判断を仰ぎながら、作業能率と品質の向上、顧客の信頼、円滑な人間関係を保つ。	パート社員		
P1					**補助職（アシスタント）** ○短期間で習得できる反復的な定型作業を担当する。 ○監督者や所定の手順にしたがって正確に作業を行い、目的とする品質を確実に実現する。 ○作業中の不具合や気づきを上司に報告して判断を仰ぎ、作業品質や円滑な人間関係を保つ。			

就労条件（例）			有期	有期	無期	有期
	期間の定め　※契約とパート社員は5年経過で無期雇用に転換					
	勤務時間（フルタイム＝○、パートタイム＝×）		×	○	○	○
	転居を伴う転動の有無		×	×	○	×
	職務の変更・配置異動の有無		×	○	○	×
	職種の変更の有無		×	×	○	×

● 役割基準に基づく「ランク型賃金表®」

　等級制度をつくったら、次に賃金表（基本給表）を設定します。

　賃金表の代表的な形は、等級別に基本給の上限・下限を決め、その中を数十段階の金額に分けた号俸表です。等級ごとに基本給の賃金表が横に並んでいるイメージから、等級別賃金表と呼ばれることもあります。

　この等級別賃金表は、等級制度や賃金表が年功や能力を基準にして、正社員だけを対象に使われていた時代にはそれなりにうまく機能していました。しかし役割を基準においた多様な働き方が推奨され、正社員と非正規社員の壁が取り除かれようとしている現在では、かえって使いにくい点があります。

　最も大きな問題は、等級別賃金表では等級ごとに基本給の上限・下限が定められているため、等級を決めたら、必ずその範囲内に基本給を位置づける必要があることです。正社員として入社し、年功的に昇給・昇格を重ねていく社員だけならこれでも良かったのですが、役割を基準におくようになった今は、降格も当たり前に行うようになってきました。

　例えば、組織の力を維持するためには、管理職の役割を十分担えない社員は役職から降ろし、適正配置を保つ必要があります。あるいは、家族の介護のために自ら業務負荷の軽減を申し出る社員もいます。

　前述のとおり、仕事をベースとした役割責任で等級を決める場合、原則、管理職でなくなったり、業務負荷の軽減を行ったりするということはイコール降格になります。

　このときに、降格先の等級の上限よりも高い基本給を支給されていた人は、上限の金額まで基本給を下げなければなりません。人によっては大幅な減額になる可能性もあります。

第3章　正社員と非正規社員のバランスを説明できる賃金・評価制度の設計

　役割が下がり、業務負荷が軽減されるのだから、理屈上は賃金の減額もやむを得ないという意見もあるかもしれませんが、実際には、経営者や人事担当者、あるいは直属の上司が心情的に賃金ダウンをためらい、降格に踏み切れない事例が少なくありません。しかし、それでは役割責任等級の原則が崩れ、他の社員にも待遇の差を説明できなくなってしまいます。

　基本給の低い非正規社員を正社員に登用したり、優秀な若手を高い等級に抜擢したりするときには、逆の問題も起きます。今の低い賃金から、登用・昇格先の等級の賃金表の下限まで基本給を大幅に引き上げねばならず、人件費の増加を嫌って登用・昇格をためらうことも起こり得ます。

　このように、賃金表の上限・下限が等級ごとにはっきりと決まっている仕組みは、論理的には正しくても、実際には等級異動の柔軟性を阻害する要因となり、多様な働き方や雇用区分の転換への対応力を弱める結果になっています。

　本書では、この問題を根本的に解決できる「ランク型賃金表®」の仕組みをご紹介します。

(注)ランク型賃金表は株式会社プライムコンサルタントの登録商品です。

　ランク型賃金表は、**図表6**（ランク型賃金表サンプル）のように、縦1本につながった長い通しの賃金表です。基本的な仕組みは、

① 　この通し賃金表1本で、「○号＝基本給○円」という段階号俸を使って、多様な雇用形態の幅広い等級の基本給をダイレクトに決定します。

　図表6では、1号から135号までの135段階の号俸表になっています。

② 　賃金表を一定の号数ずつ区分し、その区分を「賃金ランク」と呼びます。**図表6**の例では、9号ごとに全部で15ランクに区分しています。

③　1ランクの号差金額は1,100円、2ランクは1,190円、3ランクは1,290円とランクが上がるごとに号差金額は大きくなります。なお各ランクの上限のみ「〜T」という表記をします。これは、各ランクのトップ金額であることを意味します。

④　この賃金表をもとに、**図表6**の中央②のように等級別に適用するランクの範囲を設定します。この例では、正社員のⅠ等級は19号から63号、Ⅱ等級は37号から81号、Ⅲ等級は55号から99号……の範囲になっています。

　補足すると、この適用する範囲は隣接する等級と3ランクずつ重複するように設定します。

　重複させるメリットとして、昇格や降格などの等級異動を柔軟に行いやすくなることと、等級が上がらなくても、ある程度は上位等級並みの賃金を得られるようにすることにより、不必要な昇格を抑えることができます。

　等級ごとに適用ランクの範囲を設定していることから、一見すると前述の等級別賃金表と同じく等級ごとに上限・下限額が決まっているように見えますが、実際には各等級の上限・下限以外の範囲でも基本給の号俸を任意に適用できます。そのため、範囲外の人を無理矢理、上限や下限の位置まで移動させずとも、元の金額に置いたまま賃金を運用することができます。

　例えば、Ⅰ等級30号192,040円の正社員をⅡ等級に昇格させようとする場合、Ⅱ等級の下限（37号201,910円）まで引き上げる必要はなく、そのまま30号192,040円とします。ただし、これだけでは社員にとって昇格したメリットがありませんので、昇格したときは評価による賃金改定が有利になるようにします（詳しくは106ページ参照）。

第3章　正社員と非正規社員のバランスを説明できる賃金・評価制度の設計

図表6　ランク型賃金表® サンプル

①基本給表（月給・時給）サンプル　　　　　　　　②適用ランク

号数	賃金ランク	号差金額	基本給額 正社員 100%	基本給額（月給） 契約社員／多様な正社員			168時間 基本給額（時給） 正社員 パート		パート		契約社員		
				95%	90%	85%	100%	85%	P1	P2	K1	K2	K3
1	1	1,100	157,000	149,150	141,300	133,450	935	795	D				
2	1		158,100	150,200	142,290	134,390	942	800	D				
3	1		159,200	151,240	143,280	135,320	948	806	D				
4	1		160,300	152,290	144,270	136,260	955	812	D				
5	1		161,400	153,330	145,260	137,190	961	817	D				
6	1		162,500	154,380	146,250	138,130	968	823	D				
7	1		163,600	155,420	147,240	139,060	974	828	D				
8	1		164,700	156,470	148,230	140,000	981	834	D				
9	1T		165,800	157,510	149,220	140,930	987	839	D				
10	2	1,190	166,900	158,560	150,210	141,870	994	845	C				
11	2		168,090	159,690	151,290	142,880	1,001	851	C				
12	2		169,280	160,820	152,360	143,890	1,008	857	C				
13	2		170,470	161,950	153,430	144,900	1,015	863	C				
14	2		171,660	163,080	154,500	145,920	1,022	869	C				
15	2		172,850	164,210	155,570	146,930	1,029	875	C				
16	2		174,040	165,340	156,640	147,940	1,036	881	C				
17	2		175,230	166,470	157,710	148,950	1,044	887	C				
18	2T		176,420	167,600	158,780	149,960	1,051	893	C				
19	3	1,290	177,610	168,730	159,850	150,970	1,058	899	B	D	D		
20	3		178,900	169,960	161,010	152,070	1,065	906	B	D	D		
21	3		180,190	171,190	162,180	153,170	1,073	912	B	D	D		
22	3		181,480	172,410	163,340	154,260	1,081	919	B	D	D		
23	3		182,770	173,640	164,500	155,360	1,088	925	B	D	D		
24	3		184,060	174,860	165,660	156,460	1,096	932	B	D	D		
25	3		185,350	176,090	166,820	157,550	1,104	938	B	D	D		
26	3		186,640	177,310	167,980	158,650	1,111	945	B	D	D		
27	3T		187,930	178,540	169,140	159,750	1,119	951	B	D	D		
28	4	1,410	189,220	179,760	170,300	160,840	1,127	958	A	C	C		
29	4		190,630	181,100	171,570	162,040	1,135	965	A	C	C		
30	4		192,040	182,440	172,840	163,240	1,144	972	A	C	C		
31	4		193,450	183,780	174,110	164,440	1,152	979	A	C	C		
32	4		194,860	185,120	175,380	165,640	1,160	986	A	C	C		
33	4		196,270	186,460	176,650	166,830	1,169	994	A	C	C		
34	4		197,680	187,800	177,920	168,030	1,177	1,001	A	C	C		
35	4		199,090	189,140	179,190	169,230	1,186	1,008	A	C	C		
36	4T		200,500	190,480	180,450	170,430	1,194	1,015	A	C	C		
37	5	1,520	201,910	191,820	181,720	171,630	1,202	1,022	S	B	B	D	
38	5		203,430	193,260	183,090	172,920	1,211	1,030	S	B	B	D	
39	5		204,950	194,710	184,460	174,210	1,220	1,037	S	B	B	D	
40	5		206,470	196,150	185,830	175,500	1,229	1,045	S	B	B	D	
41	5		207,990	197,600	187,200	176,800	1,239	1,053	S	B	B	D	
42	5		209,510	199,040	188,560	178,090	1,248	1,061	S	B	B	D	
43	5		211,030	200,480	189,930	179,380	1,257	1,068	S	B	B	D	
44	5		212,550	201,930	191,300	180,670	1,266	1,076	S	B	B	D	
45	5T		214,070	203,370	192,670	181,960	1,275	1,084	S	B	B	D	
46	6	1,650	215,590	204,820	194,040	183,260	1,284	1,091		A	A	C	
47	6		217,240	206,380	195,520	184,660	1,294	1,100		A	A	C	
48	6		218,890	207,950	197,010	186,060	1,303	1,108		A	A	C	
49	6		220,540	209,520	198,490	187,460	1,313	1,116		A	A	C	
50	6		222,190	211,090	199,980	188,870	1,323	1,125		A	A	C	
51	6		223,840	212,650	201,460	190,270	1,333	1,133		A	A	C	
52	6		225,490	214,220	202,950	191,670	1,343	1,141		A	A	C	
53	6		227,140	215,790	204,430	193,070	1,353	1,150		A	A	C	
54	6T		228,790	217,360	205,920	194,480	1,362	1,158		A	A	C	
55	7	1,790	230,440	218,920	207,400	195,880	1,372	1,166		S	S	B	D
56	7		232,230	220,620	209,010	197,400	1,383	1,175		S	S	B	D
57	7		234,020	222,320	210,620	198,920	1,393	1,185		S	S	B	D
58	7		235,810	224,020	212,230	200,440	1,404	1,194		S	S	B	D
59	7		237,600	225,720	213,840	201,960	1,415	1,203		S	S	B	D
60	7		239,390	227,430	215,460	203,490	1,425	1,212		S	S	B	D
61	7		241,180	229,130	217,070	205,010	1,436	1,221		S	S	B	D
62	7		242,970	230,830	218,680	206,530	1,447	1,230		S	S	B	D
63	7T		244,760	232,530	220,290	208,050	1,457	1,239		S	S	B	D
64	8	1,950	246,550	234,230	221,900	209,570	1,468	1,248				A	C
65	8		248,500	236,080	223,650	211,230	1,480	1,258				A	C
66	8		250,450	237,930	225,410	212,890	1,491	1,268				A	C
67	8		252,400	239,780	227,160	214,540	1,503	1,278				A	C
68	8		254,350	241,640	228,920	216,200	1,514	1,287				A	C
69	8		256,300	243,490	230,670	217,860	1,526	1,297				A	C
(省略)													
134	15		429,550	408,080	386,600	365,120	2,557	2,174					
135	15T		433,000	411,350	389,700	368,050	2,578	2,191					

5．役割責任を軸とした人事制度

③評価レートと号俸改定基準

			V										D	C	B	A	S
			IV								D	C	B	A	S		
			K3・III・S3						D	C	B	A	S				
			K2・II・S2				D	C	B	A	S						
			P2・K1・I・S1		D	C	B	A	S								
正社員	再雇用		P1	D	C	B	A	S									
I II III IV V	S1 S2 S3		評価レート→ ↓賃金ランク	1	2	3	4	5	6	7	8	9	10	11	12	13	14	15

・再雇用者には等級の各ランクの上限額を適用する。
・再雇用者は、原則として1年ごとの有期雇用でこのランク別金額を「基本給」として適用し、毎年ランクの見直しを行う。

賃金ランク	1	2	3	4	5	6	7	8	9	10	11	12	13	14	15
1															
1															
1															
1															
1	+1	+2	+3	+4	+5	+6	+7	+8	+9	+10	+11	+12	+13	+14	+15
1															
1															
1															
1															
1T	+0	+1	+2	+3	+4	+5	+6	+7	+8	+9	+10	+11	+12	+13	+14
2															
2															
2															
2	-1	+1	+2	+3	+4	+5	+6	+7	+8	+9	+10	+11	+12	+13	+14
2															
2															
2															
2															
2T	-1	+0	+1	+2	+3	+4	+5	+6	+7	+8	+9	+10	+11	+12	+13
3															
3															
3															
3	-2	-1	+1	+2	+3	+4	+5	+6	+7	+8	+9	+10	+11	+12	+13
3															
3															
3															
3T	-2	-1	+0	+1	+2	+3	+4	+5	+6	+7	+8	+9	+10	+11	+12
4															
4															
4															
4	-3	-2	-1	+1	+2	+3	+4	+5	+6	+7	+8	+9	+10	+11	+12
4															
4															
4															
4T	-3	-2	-1	+0	+1	+2	+3	+4	+5	+6	+7	+8	+9	+10	+11
5															
5															
5															
5	-4	-3	-2	-1	+1	+2	+3	+4	+5	+6	+7	+8	+9	+10	+11
5															
5															
5															
5T	-4	-3	-2	-1	+0	+1	+2	+3	+4	+5	+6	+7	+8	+9	+10
6															
6															
6															
6	-5	-4	-3	-2	-1	+1	+2	+3	+4	+5	+6	+7	+8	+9	+10
6															
6															
6															
6T	-5	-4	-3	-2	-1	+0	+1	+2	+3	+4	+5	+6	+7	+8	+9
7															
7															
7															
7	-6	-5	-4	-3	-2	-1	+1	+2	+3	+4	+5	+6	+7	+8	+9
7															
7															
7															
7T	-6	-5	-4	-3	-2	-1	+0	+1	+2	+3	+4	+5	+6	+7	+8
8															
8															
8															
8	-7	-6	-5	-4	-3	-2	-1	+1	+2	+3	+4	+5	+6	+7	+8
8															
8															
8															
(省略)															
15	-14	-13	-12	-11	-10	-9	-8	-7	-6	-5	-4	-3	-2	-1	+1
15T	-14	-13	-12	-11	-10	-9	-8	-7	-6	-5	-4	-3	-2	-1	+0

正社員・再雇用ランク対応：
- I: D D D D D D D D D D C C C C C C C C C C B B B B B B B B B A A A A A A A A A A S S S S S S S S S S A A A A A A
- II（再雇用 D）: D D D D D D D D C C C C C C C C B B B B B B B B
- III: D D D D D D D D C C C C C C C C
- IV（再雇用 B・D）: B D などの対応
- V（再雇用 S・B・D）
- S1 S2 S3 の再雇用区分に応じ、各ランクの上限額を適用

第3章　正社員と非正規社員のバランスを説明できる賃金・評価制度の設計

⑤　各等級の適用範囲は、それぞれ5つのランクとし、これを金額の高い方からSABCDと名付けます。このSABCDをゾーンと呼びます。例えばⅠ等級の場合、3ランクはDゾーン、4ランクはCゾーン……7ランクはSゾーンと呼びます。このゾーンとSABCDの5段階評価の対応関係をもとに毎年の賃金の改定額が決まります。最終的には**図表7**のように、等級と評価に対応した賃金ランクの上限まで昇給できる仕組みができあがります。

⑥　ランク型賃金表も等級制度と同じく、まずは正社員用を用意します。非正規社員の金額は、正社員との「人材活用の仕組み」の度合いの違いによって、正社員の90％や85％というように賃金の支給率を調整します（詳しくは107ページ参照）。

図表7　多様な役割責任に対応できるランク型賃金表

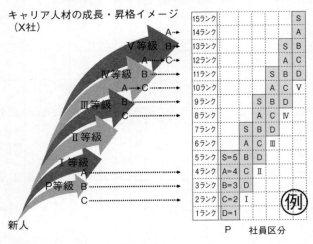

●「ランク型賃金表」と号俸改定基準

ランク型賃金表の特徴は、等級異動が柔軟にできるだけではありません。もう1つの大きな特徴は、賃金の低い人には評価に応じた昇給を保障しつつ、不必要な賃金の上昇を抑えるように賃金総額をコントロールすることができます。

図表6の右側③に縦軸「賃金ランク」、横軸「評価レート」でつくる大きな「号俸改定基準」のマトリクス表があります。

賃金ランクは左側の賃金表と一対一で対応しており、号俸表を一定の号数ずつ区分したもので、金額が高いほどランクの数字も大きくなっています。

図表8　号俸改定ルール（正社員Ⅰ等級の場合）

評価レート	D 3点	C 4点	B 5点	A 6点	S 7点	…
3	+1	+2	+3	+4	+5	…
3T	+0	+1	+2	+3	+4	…
4	-1	+1	+2	+3	+4	…
4T	-1	+0	+1	+2	+3	…
5	-2	-1	+1	+2	+3	…
5T	-2	-1	+0	+1	+2	…
6	-3	-2	-1	+1	+2	…
6T	-3	-2	-1	+0	+1	…
7	-4	-3	-2	-1	+1	…
7T	-4	-3	-2	-1	+0	…
8	-5	-4	-3	-2	-1	…
8T	-5	-4	-3	-2	-1	…
…	…	…	…	…	…	…

※「T」は各ランクの上限号数を表す

●左図は号俸改定ルールの正社員Ⅰ等級に適用する部分を抜粋したものです。

基本給の改定号数を左の表から読みとります。

①その社員の賃金のランクをみます。（例：4ランク）

②その社員の評価レートをみます。（例：A評価6点）

③ランクと評価レートの交点が改定号数です。（例：+3号）

（注）同じランクでも～Tがついていると改定号数が違うので、注意してください。

評価レートとは、等級別のSABCD評価を点数（レートと呼ぶ）に位置づけたものです。**図表8**はⅠ等級の評価レートを抜すいしたものですが、この例では、横軸に正社員のⅠ等級のD評価は3点、C評価は4点、B評価は5点、A評価は6点、S評価は7点となっています。

また同じB評価でも、Ⅰ等級のB評価は5点、Ⅱ等級のB評価は7点というように、等級が1つ上がるごとに評価レートが2点ずつ高くなっています（**図表6**）。等級が高いということは、より重い役割責任を担っているということであり、高い等級のB評価には高いレートを付与します。

この賃金ランクと評価レートの交点の数字が、号俸改定を行う号数になります。例えば、Ⅰ等級30号192,040円の社員は4ランクです。この社員がB評価（5点）を取った場合、賃金ランク4と評価レート5の交点を見ると「＋2」です。

つまり、この社員は2号昇給できるという意味であり、30号＋2号＝32号194,860円が新しい基本給になります。

ただし、この社員はB評価（評価レート5点）であればいつまでも「＋2」号昇給できるわけではありません。仮に毎年B評価（5点）を取り続けたとすると、3年後には、基本給が4Tランクの金額（36号200,500円）になります。ここで4TランクとB評価（5点）の交点を見ると、「＋1」になっています。5ランクに入った後も「＋1」です。

つまり評価は同じB評価（5点）であっても、基本給が4ランクの時は2号の昇給、4Tランク以降は1号の昇給と、賃金が高くなるにしたがい昇給は段階的に抑制されます。これは同一等級で基本給の高い人と低い人が同じ評価の場合、基本給の低い人の方が基本給の割に貢献しているので、基本給の高い人よりも昇給を大きくさせようという考え方です。

さらにこのまま引き続きB評価（5点）を取り続けると、1号ずつ昇給し、8年後には賃金ランク5T（45号214,070円）となります。ここで賃金ランク5TとB評価（5点）の交点を見ると「＋0」となっており、これ以上は昇給できなくなります。

これは何を意味しているかというと、この賃金表では、評価レート5点の人には賃金ランク5Tの賃金が適切な最終到達水準と考えられており、ちょうど適切な賃金額に到達したので、これ以上は昇給しないということです。それよりも高い基本給を得るためには、A以上の評価を取るか、昇格を目指さねばなりません。

 このような賃金表と賃金ランク・評価レートのマトリクス表を導入することで、各人の基本給は評価に応じた賃金水準に段階的に収斂していく全体の仕組みができあがります。

 図表9は、このような賃金ランクと評価レートとの組み合わせによる号俸改定の仕組みを、4ランクの黒さんと5ランクの白さんについて図示したものです。右側の説明と合わせて読みとって下さい。

 この仕組みを正社員だけでなく非正規社員にも導入することで、社員全体の賃金総額を適切にコントロールし、役割等級と貢献度の評価SABCDに応じて最適な人件費配分を行うことができるようになります。

図表9　号俸改定の仕組み

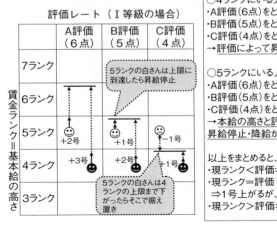

第3章　正社員と非正規社員のバランスを説明できる賃金・評価制度の設計

●上限・下限を超えた社員の号俸改定

　また、このマトリクス表は賃金の全ランク・全等級の評価に対応した大きな表になっています。その理由は、先ほど97～98ページで述べたような、基本給が低く、昇格する等級の下限を下回っている人や、基本給が高く、降格になった先の等級の上限を上回っている人などにも対応するためです。

　例えば、先ほどの例のⅠ等級30号4ランク192,040円の社員をⅡ等級に昇格させ、基本給はそのままにした場合、基本給と賃金ランクには変化がありませんが、昇格した後は評価レートが変わります。

　Ⅱ等級でB評価を取ったとすると、評価レートは7点になり、4ランクと評価レート7点の交点は「＋4」となっています。Ⅰ等級のB評価時には＋2号昇給でしたが、Ⅱ等級のB評価では＋4号昇給できます（**図表6**）。

　昇格したその時点では基本給は変わりませんが、翌年以降、賃金改定による昇給を優遇することで、等級にふさわしい賃金に早く近づけていこうという考え方です。

　降格の場合は逆に評価レートが2点低くなり、昇給号数が減るだけでなく、賃金ランクよりも評価レートが低くなったときは、号俸が下がるマイナス昇給の対象となります。もっとも、マイナス昇給をルールどおりそのまま実行するかどうかは会社の判断です。

●パート社員や契約社員等の非正規社員の賃金

　ランク型賃金表では等級別に適用範囲（上限・下限）を定めているため、正社員も非正規社員も等級の高さが同じであれば、同じ範囲の賃金ランクが適用されます。

　ただし、等級は「職務内容」の違いしか反映しておらず、もう1つ

の均等・均衡待遇の判断ポイントである「人材活用の仕組み」の違いを考慮していません。そこで、人材活用の仕組みに違いがある場合は、正社員の賃金表に一定の支給率（専門用語で賃率といいます）を掛けて調整します。

　支給率設定のためにどのような基準を設け、どの程度の支給率をかけるかは各社の判断ですが、一般的に、正社員と非正規社員の人材活用の仕組みの違いとは、労働時間の自由度、あるいは転勤や異動等の配置の自由度といった就労可能範囲の違いと考えられます。

　ここでは両者を組み合わせた「就労可能賃率」という考え方をご紹介します。

　図表10（就労可能賃率の設定例）では、「Ⓐ時間の自由度」と「Ⓑ配置の自由度」の2つのマトリクス表を設定しています。

図表10　人材活用の自由度に見合う就労可能賃率の設定例

Ⓐ時間の自由度		②超過勤務の対応	
		対応可能	対応できない
①所定労働時間内での就労	フルタイム勤務	100%	95%
	短時間勤務	就労可能日数・時間数に応じた率（例）1日6時間の場合6÷8＝75%	

Ⓑ配置の自由度		④職務の変更・異動の対応	
		限定なし	同職種内の変更・部門内のみ異動
③転勤・長期出張の対応	国内転勤	100%	95%
	長期出張	95%	90%
	転勤なし	90%	85%

（注）就労可能賃率＝Ⓐ時間の自由度×Ⓑ配置の自由度
　　　例：①フルタイム勤務で②超過勤務に対応できない（95％）社員が、③転勤なしで④職種変更・異動には無限定（90％）で対応できる場合は、就労可能賃率は95％×90％＝85.5％となる。

「Ⓐ時間の自由度」は縦軸をフルタイム勤務可能か短時間勤務か、横軸に超過勤務（残業）可能か不可とし、それぞれに賃率を定めます。

「Ⓑ配置の自由度」は縦軸に転勤の有無・範囲を、横軸に職種変更の有無・範囲を設定し、それぞれに賃率を定めます。

最終的な賃率は「Ⓐの賃率×Ⓑの賃率」とし、これを正社員の基本給に掛け算して、非正規社員用の基本給を決めます。図表10のように、例えば、①フルタイム勤務で②超過勤務に対応できない（95％）社員が、③転勤なしで、④職種変更・異動には無限定（90％）で対応できる場合は、就労可能賃率は95％×90％＝85.5％となります。

就労可能賃率を掛け算すると、同じ等級、つまり同じ職務内容でも、就労可能範囲が限定される非正規社員の賃金が正社員よりも低くなります。ただし「同一労働同一賃金ガイドライン案」でも、就労可能範囲の違いや将来の幹部候補コースか否かといった人材活用の仕組みの違いに着目した例を、問題とならない例として挙げており、ある程度の差をつけること自体は問題ないと思われます。

ただし、その差は人材活用の仕組みの違いとバランスが取れている必要があり、人材活用の仕組みがわずかな違いしかないにもかかわらず、極端に低い賃率を設定したりしないように注意してください。

図表6では、契約社員には95％、90％、85％の3パターンの賃率の賃金表とし、パート社員は正社員の基本給を時給換算の上、85％の賃率を掛けた賃金表としています。

●定年後再雇用者の賃金

定年後再雇用者も広い意味で契約社員ですが、もともと正社員だった人が定年で退職したという経緯があるだけでなく、契約更新年数が限られていることから、通常の契約社員とは少し異なるルールを設定

5. 役割責任を軸とした人事制度

します。

　正社員の基本給は縦に長いランク型賃金表上を、時間をかけて段階的に移動しながら、あるべき賃金水準に少しずつ収斂していきます。

　しかし、再雇用者の雇用期間は通常5年であり、段階的に動かすほどの期間がありません。そこで、**図表6**の賃金表は、再雇用者には適用する等級の各ランクの上限の金額のみを使用し、定年時の賃金決定や毎年の改定には**図表11**のようなルールを適用します。

図表11　継続雇用賃金表のランク運用基準

仕事の内容と人材活用の変化		定年前の「賃金0円Xランク」に対する基準ランクYの適用	
		役割等級	基準ランクYの設定基準
①同じ仕事を継続	a.職務内容および人材活用の仕組みがともに変わらない場合	等級変更なし	±0
	b.職務内容(従事している仕事および担っている責任の重さ)の範囲が若干限定される場合		−1〜−2
	c.人材活用の仕組み(転勤の範囲、配置変更の範囲)が若干限定される場合		
	d.職務内容および人材活用の仕組みがともに若干限定される場合		−2〜−3
②類似業務に軽減	これまでの経験・知識・能力をほぼそのまま活用できるやや軽易な業務を担当する場合	1等級下位を適用	−3〜−4
③職種変更を伴う軽減	これまでとは異なる軽易な業務に変更する場合	当該等級を適用	−4〜−5

　定年時の賃金は、定年前と同じ役割の仕事か、類似の仕事か、異なる仕事かによって決定します。同じ仕事を継続する場合は、仕事の範囲と人材活用の仕組みの違いによってさらに基準を4つに分けています。

翌年以降の賃金改定は、その社員に期待していた通りであれば前年の賃金ランクを継続し、期待以上あるいは力不足、期待とは違う等の場合は、実績評価に応じて賃金ランクを加減調整することにより行います。

●非正規社員の評価制度の考え方

ランク型賃金表は賃金ランクと評価（レート）との組み合わせで改定額が決まるため、非正規社員にも何らかの評価を行い、ＳＡＢＣＤを判定する必要があります。

どのような評価を行うかは各社の判断ですが、ここでは簡単に3通りの考え方をご紹介します。

1つ目は、シンプルに正社員と同じ評価制度を適用する方法です。等級制度も賃金制度も正社員の仕組みをベースにした統一的な制度にしている場合、評価制度も同じ枠組みとすることは理にかなっています。ただし、労働時間や異動の範囲など就労可能条件に差がある場合、正社員と全く同じ目標数値や期待水準は達成できない可能性があります。

同一労働同一賃金ガイドライン案でも、就労条件の違いを無視して同じ目標を設定し、その達成状況に応じて報酬に差をつけることは問題となる例として挙げられています。就労条件に差がある場合は、その差に応じた目標設定をしてください。

2つ目は、正社員の評価制度より簡便な方法の導入です。非正規社員の人数が多い場合、正社員と同じ評価制度を全員に適用すると評価者の運用負荷が大きく、適切な運用が難しくなることが少なくありません。

そのような場合を想定した簡便な方法の具体例として、**図表12**のように賃金ランクと対応づけた「期待する仕事のレベル感」を設定する方法があります。

5. 役割責任を軸とした人事制度

図表12　役割等級・賃金ランクと期待する仕事のレベル感（例）

パート　契約社員　　　正社員　　　継続雇用

等級→		P1	P2	K1	K2	K3	I	II	III	IV	V	S1	S2	S3	期待する仕事のレベル感
賃金ランク	15										S				全体最適を維持し、複雑な問題を組織的・統合的に解決する仕事
	14										A				
	13									S	B				機会に集中し、高度な分析的理解と予測・対策により資源を有効活用する仕事
	12									A	C				
	11				S				S	B	D	S			外部と連携し、幅広い知識を活用して裁量的に判断・意思決定する仕事
	10				A				A	C		A			
	9			S	B			S	B	D		S	B		企画・プロセスを配慮しながら自主的に判断・意思決定する仕事
	8			A	C			A	C			A	C		
	7		S	S	B	D	S	B	D			S	B	D	一定の計画・手順を活用して自己責任で判断する仕事
	6		A	A	C		A	C				A	C		
	5	S	B	B	D		B	D				B	D		限られた範囲で任される単純・定型的な仕事
	4	A	C	C			C					C			
	3	B	D	D			D					D			そのつど与えられた仕事を指示通り処理する仕事
	2	C													
	1	D													与えられた単純作業を指示通り処理する仕事

　まず、非正規社員の等級のＢ評価に対応する「期待する仕事のレベル感」を**図表12**のように位置づけます。例えばＰ２等級のＢ評価は、「限られた範囲で任される単純・定型的な仕事」と位置づけ、Ｐ１等級のＢ評価は「そのつど与えられた仕事を指示通り処理する仕事」と位置づけます。

第3章　正社員と非正規社員のバランスを説明できる賃金・評価制度の設計

　評価の時期になったら、**図表13**のような評価尺度に応じて、評価を行います。「期待する仕事のレベル感」の業務がほぼ問題なくできる状態あるいは期待通りに遂行できていれば標準のB評価とします。完全に任される一人前の状態あるいは十分満足できるレベルであればA評価とします。逆に、その仕事では育成中の段階にとどまっており不十分な点があればC評価とします。

図表13　「期待する仕事のレベル感」を用いた評価方法

■パートの役割等級のB評価に対応する「期待する仕事のレベル感」を前ページのように位置づける
　・「限られた範囲で任される単純・定型的な仕事」をする役割⇒P2等級
　・「そのつど与えられた仕事を指示通り処理する仕事」をする役割⇒P1等級
■習熟度基準または貢献度基準で仕事の成績を5段階で評価する
　・「期待する仕事のレベル感」の業務がほぼ問題なくできる状態または標準・期待通りに遂行できる場合はB評価、完全に任される一人前の状態または十分満足できる場合はA評価

評価	習熟度基準の評価尺度	貢献度基準の評価尺度	評価レート	
			P1等級	P2等級
S	熟練段階（体系的に指導できる）	抜群	5	7
A	一人前（完全に任せられる）	十分満足できる	4	6
B	ほぼ問題なくできる（一応任せられる）	標準・期待通り	3	5
C	教えれば一人でできる（育成中）	不十分な点がある	2	4
D	具体的に指示すればできる（初任）	明らかに不十分	1	3

　3つ目は、非正規社員の職務分析を行い、求められる能力やスキル、行動を洗い出し、それを評価基準にする方法です。仕事の実態に即した細やかな評価基準を設定できますが、異なる職種ごとに職務分析を丁寧に行う必要があり、他の2つの方法に比べて評価制度・基準をつくるまでの負荷が大きくなります。非正規社員の人数が多く、様々な

職種にわたる場合は効果的ですが、規模の小さいところはそこまでする必要はないかもしれません。それでもトライしてみたいという方は、厚生労働省が標準的な職務分析のツールを紹介していますので、参照してみてください。

　ここでは参考のために、職務分析によって洗い出した「パート社員に求める行動やスキル」を評価シートに落とし込んだものをご紹介します（次ページ**図表14**）。

　初めに大まかな構造・ルールを説明すると、パート社員の職務分析をベースに必要スキルの評価項目を洗い出し、そこに職務遂行・技能レベルの難易度に応じた基礎点を付与します。評価時に、1点～5点の5段階評価を行い、基礎点と5段階評価の点数を合算したものが各必要スキルの評価点になります。パート社員ごとに評価項目の数が異なるため、優劣を比較する際は評価点の平均点を使用します。

　では、もう少し具体的に見ていきましょう。まず、この評価シートを使う前提として、パート社員にも正社員と整合のとれた、役割を軸とした等級制度を導入します。この例では正社員との対応関係は**図表15**のようになっています。

図表15　等級制度における正社員との対応関係（例）

正社員	パート社員	役職
Ⅳ	P4	マネジャー
Ⅲ	P3	リーダー
Ⅱ	P2	チーフ
Ⅰ	P1	役職なし

第3章　正社員と非正規社員のバランスを説明できる賃金・評価制度の設計

図表14　パート社員の連名式評価シートの例（抜粋）

●評価項目　　　　　　　　　　　　　　　　　　　　　　　　　　　　　　　●各人別の評価（　）内は合計点

部門・職種		スキル評価の項目（着眼点）業務スキルの難易度：評価の基準点→	難易度の評価 P1	P2	P3	P4	氏名→ 等級→ 賃率→ 基準点↓	1課 KM P1 100% (3.81)	2課 TS P1 95% (3.36)	2課 TM P2 100% (6.21)	3課 OM P3 100% (8.06)	4課 SK P2 100% (5.13)
○○	①業務スキル	1 Illustrator, Photoshopの機能を駆使した画像加工、クリエイティブ制作		1	2	4	2					
		2 UI、レスポンシブ、コンパージョンを考慮したWeb構築			1		4					
		3 HTML,CSS、CMSによるWeb制作・加工		1			4					
		4 デザイン全般のディレクション				1	6				3 (9)	
		5 プランディングを意識した次のニューズリリース制作・配信			1		6				3 (9)	
		6 基本を理解したうえでニューズリリース制作・配信			1		4				4 (8)	
		7 コーポレートサイト、パンフレットなどコーポレートツールに関わる原稿制作		1		1	6				2 (8)	
		8 正しい日本語、読本を意識したコーポレートツールに関わる原稿の修正					4				4 (8)	
		9 コーポレートサイトを維持、更新したりタスク対策					4				4 (8)	
○○		1 PCセットアップ業務（新スタッフ受け入れ準備用）が行える	1				0	3 (3)	3 (3)			3 (3)
		2 ○○を利用してヘルプデスクの一次対応を適切に行える	1				0	3 (3)	3 (5)			3 (3)
		3 ○○を利用してヘルプデスクの一次対応を適切に行える		1			2	2 (4)	1 (3)			2 (4)
		4 ○○のマニュアルを適切な品質で作成できる		1			2	2 (4)	2 (4)	4 (4)	3 (5)	3 (5)
		5 社内IT資産（PC、ソフト、アカウント情報）の整理、管理が行える		1			2	2 (4)	2 (4)	5 (7)	2 (4)	2 (4)
		6 社内IT資産にかかる経費関連処理（月初処理など）が行える			1		3	3 (5)	2 (4)	5 (7)		2 (6)
		7 ITサービス、ソフトウェアの特徴を調査し、比較、選定、導入提案が行える				1	5	1 (5)	2 (4)	4 (6)		2 (6)
		8 SQLを理解し、基礎的な通切な作成・更新が行える				1	5	1 (5)	4 (4)	4 (6)	2 (8)	3 (5)
		9 Redmineのチケット、通切な作成・更新が行える		1			2	2 (4)	4 (4)	5 (5)		
○○	②組織内位置付け	1 社内備品、消耗品の所在を把握しており、適切な在庫数を判断できる	1				0	3 (3)	3 (3)	4 (4)	5 (9)	4 (6)
		2 社内のルールを正しく把握し、入社オリエンテーションや、ミスが起きないように対応する		1			2	3 (3)	2 (2)	5 (7)	4 (8)	3 (5)
		3 通信機器などの管理や業務効率を考え更新、契約ができる		1			2	3 (3)	3 (3)	5 (7)	5 (9)	3 (5)
		4 定期イベント（社内研修）やトレーナー・イベント（レイアウト変更、パーティー）など、期間を巻き込んで適切に運営する事ができる			1		4	3 (3)	3 (3)	4 (6)	4 (8)	4 (6)
		5 資格取得、更新業務のスケジューリングや手配など、諦りなく漏れなくこなすことができる			1		4	4 (4)	2 (2)	4 (6)	4 (8)	5 (7)
		6 その他ルーティーン（マッサージ予約連絡など）を自ら進んで行動、気配り、進言ができる	1				0	3 (3)	4 (4)	5 (5)	4 (8)	4 (6)
		7 オフィス内の清潔・安全等に関心を持ち、自ら進んで行動、気配り、進言ができる							4 (6)			
③行動・柔軟性	全体最適						※左の評価項目は全員に適用。対象者の段階等に最上位の基準点が自動的に決定する。（P10点、P22点、P34点、P46点）	3 (3)	2 (2)	4 (6)	5 (9)	4 (6)
	完遂・ミス防止							3 (3)	2 (2)	5 (7)	4 (8)	3 (5)
	整理整頓・効率							3 (3)	3 (3)	5 (7)	5 (9)	3 (5)
	優先順位付け							3 (3)	3 (3)	5 (7)	4 (8)	4 (6)
	受容性・柔軟性							4 (4)	2 (2)	4 (6)	4 (8)	5 (7)
	安定性							3 (3)	4 (4)	5 (5)	4 (8)	4 (6)
出社制度		7 現在の出社頼度担当業務を十分にこなすことができる（決められた勤務シフトで勤務し、必要があれば入シフト変更に未然に対応できる）						3 (3)	2 (2)	4 (6)	3 (7)	4 (6)

この評価項目により、正規時給額を調整します。（3=100、2=95、1=90%）

（以下省略）

パート社員に軽易な仕事しか任せていない場合、パート社員の等級は2〜3階層程度にすることが多いのですが、この事例ではマネジャークラスの高度な仕事まで任せることを想定して4階層にしています。

次に、評価シートの構造・仕組みですが、まず、左側の縦軸にはパート社員の評価項目（必要スキル）を箇条書きにします。ここに記載する内容は、前述の職務分析等を行い洗い出したものです。この例では、必要スキルを「①業務スキル」と「②組織行動スキル」に大きく区分し、その中をさらに細かく分けて評価項目を整理しています。

この評価項目それぞれに難易度に応じた基礎点を設定するのですが、「①業務スキル」と「②組織行動スキル」ではこの難易度の判断方法が異なります。「①業務スキル」は、そのスキルレベルがどの等級に標準的に求める水準かという観点で判断します。等級ごとの基礎点は、役割等級別の評価レートに対応して設定します。今回の例では、**図表16**の「基礎点」のように設定しています。

図表16　役割等級別の基礎点と評価レートとの対応

役割等級	基礎点	役割等級別の評価レート（点）				
		S	A	B	C	D
P4	6点	11	10	9	8	7
P3	4点	9	8	7	6	5
P2	2点	7	6	5	4	3
P1	0点	5	4	3	2	1

図表14の評価シートでは、中央の「難易度の評価」の該当する等級（P1〜P4）に「1」と入力しています。例えば、P1等級に1がついた評価項目は基礎点0、P2等級に1がついた評価項目は基礎点2となります。

実際の業務の現場では、高い役割等級の人に低い等級水準の仕事を

任せたり、逆に低い役割等級の人にあえて高い等級水準の仕事を任せたりすることがありますが、その実態に即して、各評価項目に設定した基礎点を適用します。例えば、P1等級の人にP2等級水準並みと設定した仕事を任せる場合、P2等級水準の基礎点を適用します。

もう一方の「②組織行動スキル」は評価項目を全社員共通とし、評価対象者の等級に応じて基礎点を設定します（P1:0点、P2:2点、P3:4点、P4:6点）。例えば、対象者がP2等級であれば、「②組織行動スキル」の全評価項目の基礎点はP2等級水準の2点となります。

次に評価方法について紹介します。評価は必要スキルごとに5段階で行い、今回の例では評価の判断尺度を**図表17**のように設定しています。

図表17　評価の判断尺度

【①業務スキルの評価】

1点	できるとはいえない。または、やったことがある程度
2点	指示されれば限られた範囲で何とかこなせる程度
3点	指示されなくても、問題なくルーティンとしてこなせる
4点	問題が起きても、混乱を招かず自分でほぼ解決できる
5点	問題を予測し、事前に対策を講じて的確に処理できる

【②組織行動スキルの評価】

1点	明らかに不十分
2点	不十分な点がある
3点	標準・期待通り
4点	十分満足できる
5点	抜群

難易度の基礎点にこの5段階評価の点数を合算した、**図表14**右の（　）内の数字が各評価項目の評価レートになり、その平均点が各パー

5. 役割責任を軸とした人事制度

ト社員の総合的な評価レートとなります。

「①業務スキル」の評価をみると、1課のKMさん（P1等級）は、1番目の「PCセットアップ業務（新スタッフ受け入れ準備用）が行える」という評価項目について、「3点　指示されなくても、問題なくルーティンとしてこなせる」と判定されました。この場合、基礎点は0点なので、評価点は0＋3＝3点となります。

4番目の「○○のマニュアルを適切な品質で作成できる」（基礎点2点）については、「4点　問題が起きても、混乱を招かず自分でほぼ解決できる」と判定されました。この場合、評価レートは2＋4＝6点となります。

8番目の「SQLを理解し、基礎的なデータベース操作が行える」（基礎点4点）については、「1点　できるとはいえない。または、やったことがある程度」という判定で、評価レートは4＋1＝5点となります。

これらの例からわかるように、基礎点が低くてもスキルが高ければそれなりに評価レートは高くなりますが、基礎点が高くても実際のスキルが低ければ評価レートはあまり伸びません。様々なレベルの仕事を任せられる中で、実際にどれだけの力を発揮するかによって、業務スキルの点数が評価される仕組みです。

次に「②組織行動スキル」の評価をみると、5番目の「仕事をえり好みせず、依頼されれば柔軟に取り組む」という評価項目について、1課のKMさん（P1等級）は「4点　十分満足できる」と判定されています。P1等級の基礎点は0点ですから、評価レートは0＋4＝4点となります。

ちなみに、KMさんの組織行動スキルを含めた平均評価レートは「3.81」となりました。これはP1等級の評価レートとしては、A評価

第3章　正社員と非正規社員のバランスを説明できる賃金・評価制度の設計

に相当する4点に近い点数であることが、115ページの**図表16**の役割等級別の基礎点と評価レートとの対応からわかります。

　なお、7番目の「出社頻度」の着眼点は、「現在の出社頻度で担当業務を十分にこなすことができる（決められた勤務シフトで勤務し、必要があればシフト変更に柔軟に対応できる）」というものです。

　この項目については組織行動評価の平均点に含まれるだけでなく、点数が3点（標準）に届かなかったときは、2点95％、1点90％に時給の賃率を下げる仕組みになっています。

　この記入例では、2課のTSさんが2点と評価され、95％の賃率が適用されたことが氏名欄の下に表示されています。

　通常、正社員は社員ごとに1枚の評価シートを用意することが多いと思いますが、この**図表14**の評価シートはパート社員用であり、正社員ほど管理に手間をかけられないことを考慮して、1枚の連名式のシートで全員の評価項目と点数が把握できるようにしています。

　パート社員の人数や担当している業務の幅にもよりますが、多くのパート社員が比較的定型的な業務を担っていたり、どのパート社員も同じような仕事をしていて求めるスキルに違いがない場合、このように1枚のシートで管理すると、それぞれのパート社員の担当業務や業務レベル等をひと目で比較ができ便利です。

参考資料

同一労働同一賃金ガイドライン案

同一労働同一賃金ガイドライン案

平成28年12月20日

1．前文

（目的）
○本ガイドライン案は、正規か非正規かという雇用形態にかかわらない均等・均衡待遇を確保し、同一労働同一賃金の実現に向けて策定するものである。同一労働同一賃金は、いわゆる正規雇用労働者（無期雇用フルタイム労働者）と非正規雇用労働者（有期雇用労働者、パートタイム労働者、派遣労働者）の間の不合理な待遇差の解消を目指すものである。

○もとより賃金等の処遇は労使によって決定されることが基本である。しかし、我が国においては正規雇用労働者と非正規雇用労働者の間には欧州と比較して大きな処遇差がある。政府としては、この問題の対処に当たり、同一労働同一賃金の考え方が広く普及しているといわれる欧州制度の実態も参考としながら検証した結果、それぞれの国の労働市場全体の構造に応じた政策とすることが重要との示唆を得た。

○我が国の場合、基本給をはじめ、賃金制度の決まり方が様々な要素が組み合わされている場合も多いため、同一労働同一賃金の実現に向けて、まずは、各企業において、職務や能力等の明確化とその職務や能力等と賃金等の待遇との関係を含めた処遇体系全体を労使の話し合いによって、それぞれ確認し、非正規雇用労働者を含む労使で共有することが肝要である。

○今後、各企業が職務や能力等の内容の明確化と、それに基づく公正な評価を推進し、それに則った賃金制度を、労使の話し合いにより、可能な限り速やかに構築していくことが、同一労働同一賃金の実現には望ましい。

○不合理な待遇差の解消に向けては、賃金のみならず、福利厚生、キャリア形成・能力開発などを含めた取組が必要であり、特に、能力開発機会の拡大は、非正規雇用労働者の能力・スキル開発により、生産性の向上と処遇改善につながるため、重要であることに留意すべきである。

○このような正規雇用労働者と非正規雇用労働者の間の不合理な待遇差の解消の取り組みを通じて、どのような雇用形態を選択しても納得が得られる処遇を受けられ、多様な働き方を自由に選択できるようにし、我が国から「非正規」という言葉を一掃することを目指すものである。

(ガイドライン案の趣旨)
○本ガイドライン案は、いわゆる正規雇用労働者と非正規雇用労働者との間で、待遇差が存在する場合に、いかなる待遇差が不合理なものであり、いかなる待遇差は不合理なものでないのかを示したものである。この際、典型的な事例として整理できるものについては、問題とならない例・問題となる例という形で具体例を付した。なお、具体例として整理されていない事例については、各社の労使で個別具体の事情に応じて議論していくことが望まれる。

○今後、この政府のガイドライン案をもとに、法改正の立案作業を進め、本ガイドライン案については、関係者の意見や改正法案についての国会審議を踏まえて、最終的に確定する。

○また、本ガイドライン案は、同一の企業・団体における、正規雇用労働者と非正規雇用労働者の間の不合理な待遇差を是正することを目的としているため、正規雇用労働者と非正規雇用労働者の間に実際に待遇差が存在する場合に参照されることを目的としている。このため、そもそも客観的に見て待遇差が存在しない場合については、本ガイドライン案は対象としていない。

2．有期雇用労働者及びパートタイム労働者
(1)基本給
①基本給について、労働者の職業経験・能力に応じて支給しようとする場合
基本給について、労働者の職業経験・能力に応じて支給しようとする場合、無期雇用フルタイム労働者と同一の職業経験・能力を蓄積している有期雇

用労働者又はパートタイム労働者には、職業経験・能力に応じた部分につき、同一の支給をしなければならない。また、蓄積している職業経験・能力に一定の違いがある場合においては、その相違に応じた支給をしなければならない。

＜問題とならない例①＞
・基本給について労働者の職業経験・能力に応じて支給しているA社において、ある職業能力の向上のための特殊なキャリアコースを設定している。無期雇用フルタイム労働者であるXは、このキャリアコースを選択し、その結果としてその職業能力を習得した。これに対し、パートタイム労働者であるYは、その職業能力を習得していない。A社は、その職業能力に応じた支給をXには行い、Yには行っていない。

＜問題とならない例②＞
・B社においては、定期的に職務内容や勤務地変更がある無期雇用フルタイム労働者の総合職であるXは、管理職となるためのキャリアコースの一環として、新卒採用後の数年間、店舗等において、職務内容と配置に変更のないパートタイム労働者であるYのアドバイスを受けながらYと同様の定型的な仕事に従事している。B社はXに対し、キャリアコースの一環として従事させている定型的な業務における職業経験・能力に応じることなく、Yに比べ高額の基本給を支給している。

＜問題とならない例③＞
・C社においては、同じ職場で同一の業務を担当している有期雇用労働者であるXとYのうち、職業経験・能力が一定の水準を満たしたYを定期的に職務内容や勤務地に変更がある無期雇用フルタイム労働者に登用し、転換後の賃金を職務内容や勤務地に変更があることを理由に、Xに比べ高い賃金水準としている。

＜問題とならない例④＞
・D社においては、同じ職業経験・能力の無期雇用フルタイム労働者であるXとパートタイム労働者であるYがいるが、就業時間について、その時

参考資料

間帯や土日祝日か否かなどの違いにより、XとYに共通に適用される基準を設定し、時給（基本給）に差を設けている。

＜問題となる例＞
・基本給について労働者の職業経験・能力に応じて支給しているE社において、無期雇用フルタイム労働者であるXが有期雇用労働者であるYに比べて多くの職業経験を有することを理由として、Xに対して、Yよりも多額の支給をしているが、XのこれまでのXの職業経験はXの現在の業務に関連性を持たない。

②基本給について、労働者の業績・成果に応じて支給しようとする場合
基本給について、労働者の業績・成果に応じて支給しようとする場合、無期雇用フルタイム労働者と同一の業績・成果を出している有期雇用労働者又はパートタイム労働者には、業績・成果に応じた部分につき、同一の支給をしなければならない。また、業績・成果に一定の違いがある場合においては、その相違に応じた支給をしなければならない。

＜問題とならない例①＞
・基本給の一部について労働者の業績・成果に応じて支給しているA社において、フルタイム労働者の半分の勤務時間のパートタイム労働者であるXに対し、無期雇用フルタイム労働者に設定されている販売目標の半分の数値に達した場合には、無期雇用フルタイム労働者が販売目標を達成した場合の半分を支給している。

＜問題とならない例②＞
・B社においては、無期雇用フルタイム労働者であるXは、パートタイム労働者であるYと同様の仕事に従事しているが、Xは生産効率や品質の目標値に対する責任を負っており、目標が未達の場合、処遇上のペナルティを課されている。一方、Yは、生産効率や品質の目標値の達成の責任を負っておらず、生産効率が低かったり、品質の目標値が未達の場合にも、処遇上のペナルティを課されていない。B社はXに対しYに比べ、ペナルティを課していることとのバランスに応じた高額の基本給を支給している。

＜問題となる例＞
・基本給の一部について労働者の業績・成果に応じて支給しているＣ社において、無期雇用フルタイム労働者が販売目標を達成した場合に行っている支給を、パートタイム労働者であるＸが無期雇用フルタイム労働者の販売目標に届かない場合には行っていない。
　（注）基本給とは別に、「手当」として、労働者の業績・成果に応じた支給を行おうとする場合も同様である。

③**基本給について、労働者の勤続年数に応じて支給しようとする場合**
基本給について、労働者の勤続年数に応じて支給しようとする場合、無期雇用フルタイム労働者と同一の勤続年数である有期雇用労働者又はパートタイム労働者には、勤続年数に応じた部分につき、同一の支給をしなければならない。また、勤続年数に一定の違いがある場合においては、その相違に応じた支給をしなければならない。

＜問題とならない例＞
・基本給について労働者の勤続年数に応じて支給しているＡ社において、有期雇用労働者であるＸに対し、勤続年数について当初の雇用契約開始時から通算して勤続年数を評価した上で支給している。

＜問題となる例＞・基本給について労働者の勤続年数に応じて支給しているＢ社において、有期雇用労働者であるＸに対し、勤続年数について当初の雇用契約開始時から通算せず、その時点の雇用契約の期間のみの評価により支給している。

④**昇給について、勤続による職業能力の向上に応じて行おうとする場合**
昇給について、勤続による職業能力の向上に応じて行おうとする場合、無期雇用フルタイム労働者と同様に勤続により職業能力が向上した有期雇用労働者又はパートタイム労働者に、勤続による職業能力の向上に応じた部分につき、同一の昇給を行わなければならない。また、勤続による職業能力の向上に一定の違いがある場合においては、その相違に応じた昇給を行わなければならない。

参考資料

(注) 無期雇用フルタイム労働者と有期雇用労働者又はパートタイム労働者の間に基本給や各種手当といった賃金に差がある場合において、その要因として無期雇用フルタイム労働者と有期雇用労働者又はパートタイム労働者の賃金の決定基準・ルールの違いがあるときは、「無期雇用フルタイム労働者と有期雇用労働者又はパートタイム労働者は将来の役割期待が異なるため、賃金の決定基準・ルールが異なる」という主観的・抽象的説明では足りず、賃金の決定基準・ルールの違いについて、職務内容、職務内容・配置の変更範囲、その他の事情の客観的・具体的な実態に照らして不合理なものであってはならない。

また、無期雇用フルタイム労働者と定年後の継続雇用の有期雇用労働者の間の賃金差については、実際に両者の間に職務内容、職務内容・配置の変更範囲、その他の事情の違いがある場合は、その違いに応じた賃金差は許容される。なお、定年後の継続雇用において、退職一時金及び企業年金・公的年金の支給、定年後の継続雇用における給与の減額に対応した公的給付がなされていることを勘案することが許容されるか否かについては、今後の法改正の検討過程を含め、検討を行う。

(2)手当
①賞与について、会社の業績等への貢献に応じて支給しようとする場合
賞与について、会社の業績等への貢献に応じて支給しようとする場合、無期雇用フルタイム労働者と同一の貢献である有期雇用労働者又はパートタイム労働者には、貢献に応じた部分につき、同一の支給をしなければならない。また、貢献に一定の違いがある場合においては、その相違に応じた支給をしなければならない。

＜問題とならない例①＞
・賞与について、会社の業績等への貢献に応じた支給をしているA社において、無期雇用フルタイム労働者であるXと同一の会社業績への貢献がある有期雇用労働者であるYに対して、Xと同一の支給をしている。

＜問題とならない例②＞
・B社においては、無期雇用フルタイム労働者であるXは、生産効率や品

質の目標値に対する責任を負っており、目標が未達の場合、処遇上のペナルティを課されている。一方、無期雇用フルタイム労働者であるYや、有期雇用労働者であるZは、生産効率や品質の目標値の達成の責任を負っておらず、生産効率が低かったり、品質の目標値が未達の場合にも、処遇上のペナルティを課されていない。B社はXに対して賞与を支給しているが、YやZに対しては、ペナルティを課していないこととの見合いの範囲内で、支給していない。

＜問題となる例①＞
・賞与について、会社の業績等への貢献に応じた支給をしているC社において、無期雇用フルタイム労働者であるXと同一の会社業績への貢献がある有期雇用労働者であるYに対して、Xと同一の支給をしていない。

＜問題となる例②＞
・賞与について、D社においては、無期雇用フルタイム労働者には職務内容や貢献等にかかわらず全員に支給しているが、有期雇用労働者又はパートタイム労働者には支給していない。

②役職手当について、役職の内容、責任の範囲・程度に対して支給しようとする場合
役職手当について、役職の内容、責任の範囲・程度に対して支給しようとする場合、無期雇用フルタイム労働者と同一の役職・責任に就く有期雇用労働者又はパートタイム労働者には、同一の支給をしなければならない。また、役職の内容、責任に一定の違いがある場合においては、その相違に応じた支給をしなければならない。

＜問題とならない例①＞
・役職手当について役職の内容、責任の範囲・程度に対して支給しているA社において、無期雇用フルタイム労働者であるXと同一の役職名（例：店長）で役職の内容・責任も同一である役職に就く有期雇用労働者であるYに、同一の役職手当を支給している。

参考資料

＜問題とならない例②＞
・役職手当について役職の内容、責任の範囲・程度に対して支給しているB社において、無期雇用フルタイム労働者であるXと同一の役職名（例：店長）で役職の内容・責任も同じ（例：営業時間中の店舗の適切な運営）である役職に就く有期雇用パートタイム労働者であるYに、時間比例の役職手当（例えば、労働時間がフルタイム労働者の半分のパートタイム労働者には、フルタイム労働者の半分の役職手当）を支給している。

＜問題となる例＞
・役職手当について役職の内容、責任の範囲・程度に対して支給しているC社において、無期雇用フルタイム労働者であるXと同一の役職名（例：店長）で役職の内容・責任も同一である役職に就く有期雇用労働者であるYに、Xに比べて低額の役職手当を支給している。

③業務の危険度又は作業環境に応じて支給される特殊作業手当
無期雇用フルタイム労働者と同一の危険度又は作業環境の業務に当たる有期雇用労働者又はパートタイム労働者には同一の支給をしなければならない。

④交替制勤務など勤務形態に応じて支給される特殊勤務手当
無期雇用フルタイム労働者と同一の勤務形態で業務に当たる有期雇用労働者又はパートタイム労働者には同一の支給をしなければならない。

＜問題とならない例①＞
・A社においては、無期雇用フルタイム労働者・有期雇用労働者・パートタイム労働者の別を問わず、勤務曜日・時間を特定して勤務する労働者については、採用が難しい曜日（土日祝祭日）や時間帯（早朝・深夜）の時給を上乗せして支給するが、それ以外の労働者にはそのような上乗せ支給はしない。

＜問題とならない例②＞
・B社においては、無期雇用フルタイム労働者であるXは、入社に当たり、交替制勤務に従事することは必ずしも確定しておらず、生産の都合等に応

じて通常勤務に従事することもあれば、交替制勤務に従事することもあり、交替制勤務に従事した場合に限り特殊勤務手当が支給されている。パートタイム労働者であるYは、採用に当たり、交替制勤務に従事することが明確にされた上で入社し、無期雇用フルタイム労働者に支給される特殊勤務手当と同一の交替制勤務の負荷分が基本給に盛り込まれており、実際に通常勤務のみに従事するパートタイム労働者に比べ高い基本給が支給されている。Xには特殊勤務手当が支給されているが、Yには支給されていない。

⑤精皆勤手当
無期雇用フルタイム労働者と業務内容が同一の有期雇用労働者又はパートタイム労働者には同一の支給をしなければならない。

＜問題とならない例＞
・A社においては、考課上、欠勤についてマイナス査定を行い、かつ、処遇反映を行っている無期雇用フルタイム労働者であるXには、一定の日数以上出勤した場合に精皆勤手当を支給するが、考課上、欠勤についてマイナス査定を行っていない有期雇用労働者であるYには、マイナス査定を行っていないこととの見合いの範囲内で、精皆勤手当を支給していない。

⑥時間外労働手当
無期雇用フルタイム労働者の所定労働時間を超えて同一の時間外労働を行った有期雇用労働者又はパートタイム労働者には、無期雇用フルタイム労働者の所定労働時間を超えた時間につき、同一の割増率等で支給をしなければならない。

⑦深夜・休日労働手当
無期雇用フルタイム労働者と同一の深夜・休日労働を行った有期雇用労働者又はパートタイム労働者には、同一の割増率等で支給をしなければならない。

＜問題とならない例＞
・A社においては、無期雇用フルタイム労働者であるXと同じ時間、深夜・

参考資料

休日労働を行ったパートタイム労働者であるYに、同一の深夜・休日労働手当を支給している。

＜問題となる例＞
・B社においては、無期雇用フルタイム労働者であるXと同じ時間、深夜・休日労働を行ったパートタイム労働者であるYに、勤務時間が短いことから、深夜・休日労働手当の単価もフルタイム労働者より低くしている。

⑧通勤手当・出張旅費
有期雇用労働者又はパートタイム労働者にも、無期雇用フルタイム労働者と同一の支給をしなければならない。

＜問題とならない例①＞
・A社においては、採用圏を限定していない無期雇用フルタイム労働者については、通勤手当は交通費実費の全額を支給している。他方、採用圏を近隣に限定しているパートタイム労働者であるXが、その後、本人の都合で圏外へ転居した場合には、圏内の公共交通機関の費用の限りにおいて、通勤手当の支給を行っている。

＜問題とならない例②＞
・B社においては、所定労働日数が多い（週4日以上）無期雇用フルタイム労働者、有期雇用労働者又はパートタイム労働者には、月額の定期代を支給するが、所定労働日数が少ない（週3日以下）又は出勤日数が変動する有期雇用労働者又はパートタイム労働者には日額の交通費を支給している。

⑨勤務時間内に食事時間が挟まれている労働者に対する食費の負担補助として支給する食事手当
有期雇用労働者又はパートタイム労働者にも、無期雇用フルタイム労働者と同一の支給をしなければならない。

＜問題とならない例＞
・A社においては、昼食時間帯を挟んで勤務している無期雇用フルタイム

労働者であるＸに支給している食事手当を、午後２時から５時までの勤務時間のパートタイム労働者であるＹには支給していない。

＜問題となる例＞
・Ｂ社においては、無期雇用フルタイム労働者であるＸには、高額の食事手当を支給し、有期雇用労働者であるＹには低額の食事手当を支給している。

⑩単身赴任手当
無期雇用フルタイム労働者と同一の支給要件を満たす有期雇用労働者又はパートタイム労働者には、同一の支給をしなければならない。

⑪特定の地域で働く労働者に対する補償として支給する地域手当
無期雇用フルタイム労働者と同一の地域で働く有期雇用労働者又はパートタイム労働者には、同一の支給をしなければならない。

＜問題とならない例＞
・Ａ社においては、無期雇用フルタイム労働者であるＸには全国一律の基本給体系である一方、転勤があることから、地域の物価等を勘案した地域手当を支給しているが、有期雇用労働者であるＹとパートタイム労働者であるＺには、それぞれの地域で採用、それぞれの地域で基本給を設定しており、その中で地域の物価が基本給に盛り込まれているため、地域手当は支給していない。

＜問題となる例＞
・Ｂ社においては、無期雇用フルタイム労働者であるＸと有期雇用労働者であるＹはいずれも全国一律の基本給体系であり、かつ、いずれも転勤があるにもかかわらず、Ｙには地域手当を支給していない。

(3)福利厚生
①福利厚生施設（食堂、休憩室、更衣室）
無期雇用フルタイム労働者と同一の事業場で働く有期雇用労働者又はパートタイム労働者には、同一の利用を認めなければならない。

②転勤者用社宅
無期雇用フルタイム労働者と同一の支給要件（転勤の有無、扶養家族の有無、住宅の賃貸、収入の額など）を満たす有期雇用労働者又はパートタイム労働者には、同一の利用を認めなければならない。

③慶弔休暇、健康診断に伴う勤務免除・有給保障
有期雇用労働者又はパートタイム労働者にも、無期雇用フルタイム労働者と同一の付与をしなければならない。

＜問題とならない例＞
・A社においては、慶弔休暇について、無期雇用フルタイム労働者であるXと同様の出勤日が設定されているパートタイム労働者であるYに対しては、無期雇用フルタイム労働者と同様に付与しているが、週2日の短日勤務のパートタイム労働者であるZに対しては、勤務日の振替での対応を基本としつつ、振替が困難な場合のみ慶弔休暇を付与している。

④病気休職
無期雇用パートタイム労働者には、無期雇用フルタイム労働者と同一の付与をしなければならない。また、有期雇用労働者にも、労働契約の残存期間を踏まえて、付与をしなければならない。

＜問題とならない例＞
・A社においては、契約期間が1年である有期雇用労働者であるXに対し、病気休職の期間は契約期間の終了日までとしている。

⑤法定外年休・休暇（慶弔休暇を除く）について、勤続期間に応じて認めている場合
法定外年休・休暇（慶弔休暇を除く）について、勤続期間に応じて認めている場合、無期雇用フルタイム労働者と同一の勤続期間である有期雇用労働者又はパートタイム労働者には、同一の付与をしなければならない。なお、有期労働契約を更新している場合には、当初の契約期間から通算した期間

を勤続期間として算定することを要する。

＜問題とならない例＞
・Ａ社においては、長期勤続者を対象とするリフレッシュ休暇について、業務に従事した時間全体を通じた貢献に対する報償の趣旨で付与していることから、無期雇用フルタイム労働者であるＸに対し勤続10年で3日、20年で5日、30年で7日という休暇を付与しており、無期雇用パートタイム労働者であるＹに対して、労働時間に比例した日数を付与している。

(4)その他
①教育訓練について、現在の職務に必要な技能・知識を習得するために実施しようとする場合
教育訓練について、現在の職務に必要な技能・知識を習得するために実施しようとする場合、無期雇用フルタイム労働者と同一の職務内容である有期雇用労働者又はパートタイム労働者には、同一の実施をしなければならない。また、職務の内容、責任に一定の違いがある場合においては、その相違に応じた実施をしなければならない。

②安全管理に関する措置・給付
無期雇用フルタイム労働者と同一の業務環境に置かれている有期雇用労働者又はパートタイム労働者には、同一の支給をしなければならない。

3．派遣労働者
派遣元事業者は、派遣先の労働者と職務内容、職務内容・配置の変更範囲、その他の事情が同一である派遣労働者に対し、その派遣先の労働者と同一の賃金の支給、福利厚生、教育訓練の実施をしなければならない。また、職務内容、職務内容・配置の変更範囲、その他の事情に一定の違いがある場合において、その相違に応じた賃金の支給、福利厚生、教育訓練の実施をしなければならない。

＜留意事項＞
ここでいう「無期雇用フルタイム労働者」とは、いわゆる「正社員」を含

参考資料

む無期雇用フルタイム労働者全体を念頭においている。

【参考海外判例】
本ガイドライン案の策定に当たっては、欧州での法律の運用実態の把握を行った。本ガイドライン案の内容を構成するものではないが、参考までに、本ガイドラインの各項目に関連する海外判例を以下に列記する。

２．有期雇用労働者及びパートタイム労働者
(1)基本給
①基本給について、労働者の職業経験・能力に応じて支給しようとする場合に関連するもの
(a)職業能力向上のための特殊なキャリアコースで経験を積み昇進してきている労働者とそうでない労働者とは、同一の状況にあるとはいえない。(Cass.soc.3.5.2006,n.03-42920（フランス））
(b)前職での職業経験の違いは、当該ポストの要請や実際に求められる責任と関連性をもつ場合にのみ、賃金の違いを正当化しうる。(Cass.soc.11.1.2012,n.10-19438,inedit（フランス））
(c)待遇差を正当化するためには、使用者側が資格・経験等を証明する必要がある。(BAGvom18.3.2014–9 AZR694/12（ドイツ））

②基本給について、労働者の業績・成果に応じて支給しようとする場合に関連するもの
(d)ハーフタイム労働者にはフルタイム労働者の半分の目標数値に到達したことをもって半分の手当が支給されなければならない。(Cass.soc.4.12.1990,n.87-42341（フランス））

③基本給について、労働者の勤続年数に応じて支給しようとする場合に関連するもの
(e)仮に両者が同じ格付けで同じ職務に就いていたとしても、当該企業への在職期間（勤続年数）の違いを考慮して、賃金の支給額は異なるものとされうる。(Cass.soc.17.5.2010,n.08-43135（フランス））

⑵手当
①賞与について、会社の業績等への貢献に応じて支給しようとする場合に関連するもの
(f)労働者の過去の貢献に報いる功労報償的な性格をもつ特別手当（賞与）について、有期契約労働者に対しても、その貢献の割合に応じて手当を支給すべき。（BAGvom28.3.2007-10AZR261/06（NZA2007,687）（ドイツ））

⑨勤務時間内に食事時間が挟まれている労働者に対する食費の負担補助として支給する食事手当に関連するもの
(g)食事手当の金額の差異は、職務上のカテゴリー（幹部職員／非幹部職員）の違いだけでは正当化されない。（Cass.soc.15.10.2014,n.13-18006（フランス））

３．派遣労働者
(h)派遣労働者は、派遣先の無期契約労働者に付与されるのと同様の食券を付与される権利を有する。（Cass.soc.14.2.2007,n.05-42037（フランス））

<著者紹介>

菊谷 寛之（きくや・ひろゆき）

早稲田大学卒。労務行政研究所、賃金管理研究所を経て平成11年株式会社プライムコンサルタントを設立し、代表に就任。成果人事研究会主宰。著書『実践！中小企業経営を成功させる 実力主義の賃金・賞与・評価の決め方』（全基連）、『社長、定期昇給はおやめなさい！』（中経出版）、『中堅・中小企業の業績連動賞与』（日本経団連出版）、『強固な成長企業をつくる原因×集中×結果の人材マネジメント方程式』（労働調査会）ほか。
本書第1章1～3、第2章、第3章の執筆を担当。

津留 慶幸（つる・よしゆき）

広島大学総合科学部卒。特定社会保険労務士。株式会社ベンチャー・リンク入社後、新規外食チェーンの開発・本部立ち上げに携わり、店長として店舗運営を行いながら店長育成研修トレーナーとして数多くの飲食店店長を育成。
2008年、株式会社プライムコンサルタント入社。
本書第1章4～5の執筆を担当。

同一労働同一賃金速報ガイド

平成29年10月13日　初版発行
平成29年11月28日　第2刷発行

　　　著　者　菊谷寛之
　　　　　　　津留慶幸
　　　発行人　藤澤直明
　　　発行所　労働調査会
　　　　　　　〒170-0004　東京都豊島区北大塚2-4-5
　　　　　　　TEL　03-3915-6401
　　　　　　　FAX　03-3918-8618
　　　　　　　http://www.chosakai.co.jp/

　　　　　　Ⓒ Hiroyuki Kikuya, Yoshiyuki Tsuru, 2017

　　　ISBN978-4-86319-629-2　C2032

落丁・乱丁はお取り替えいたします。
本書の全部または一部を無断で複写複製することは、法律で認められた場合を除き、著作権の侵害となります。